KB132034

정
적

정적

나를 변화시키는 조용한 기적

배철현 지음

21세기북스

차례

2부 —— 부동, 움직이지 않는 것을 보는 힘

4부 ────── 개벽, 나를 깨우는 고요한 울림

마음의 귀로 들으십시오.

베네딕토 규칙서

하루 10분, 나를 다스리는 짧고 깊은 생각

봄이면 꽃을 찾아와 사뿐히 내려앉는 저 나비는 어디에서 왔는가? 병풍처럼 펼친 날개를 펄럭이며 자유자재로 움직이는 나비. 나비는 원래 저 모양이 아니었다. 흉측한 모양새의 애벌레가 고치 안에서 인고의 시간을 보낸 결과다.

애벌레가 고치 안에서의 시간을 견디지 못하고 발버둥치면 영원히 애벌레로 살다 죽지만, 부동을 인내하고 묵묵히 견디면 일정 시간이 지나 나비로 변신할 것이다. 고치 안에 있는 애벌레는 죽은 것이 아니다. 나비로 다시 태어나기 위해 움직이지 않기로 작정한 것이다.

나비는 먼저 애벌레가 되어야 한다. 이 애벌레는 고치 안에서 부동의 자세로 고요를 유지해야 한다. 그리고 그 고요가 절망으로 변할 때 기적이 일어난다. 그 순간에 애벌레는 고치를 박차고 나와 눈부시게 아름다운 나비가 된다.

우리는 나비의 우아함에 감탄하면서도 정작 나비가 그것을 획득하기 위해 겪는 변화의 과정은 외면한다. 나비는 누구도 상상하지 못한 절망의 시간을 견뎠다. 이 기적을 인내하며 기다리는 자는 지혜롭고, 그것을 포기하는 자는 어리석다. 만물은 정적 속에서 조용하게 변화 중이다.

'정적'은 잠잠한 호수와도 같은 마음의 상태다. 잡념으로 인해 흔들리는 마음의 소용돌이를 잠재우고 고요하며 의연한 '나'로 성숙하는 시간이다. 정적은 아무것도 하지 않는 것이 아니다. 고요한 마음을 유지하려면, 그 안에 부단한 움직임을 품고 있어야 한다. 정적은 '정중동(靜中動)'이다.

정적의 단계에서 가장 중요한 움직임은 '경청'이다. 정적을 수행하는 사람은 자신을 유혹하는 외부의 소리를 거부하고, 자신의 마음속 깊은 곳에서 흘러나오는 미세한 소리를 듣는다. 자신의 사소한 생각에도 주의 깊게 귀를 기울인다. 그는 듣기 위해 침묵을 유지한다.

듣기와 말하기는 서로 배타적이라 동시에 이루어질 수 없다. 듣기를 수련한 적이 없는 사람은 자신의 말을 하기에 급급하다. 침묵은 압도적이며 감동적인 말을 위한 준비다. 주의 깊게 들을 수 있는 사람만이 상대방의 의중을 이해할 수 있고, 의도를 파악할 수 있다. 상대방에 대한 이해는 경청을 통해 무아(無我)의 경지로 들어가야 가능하다.

영어 단어 '히어링(hearing)'은 자기중심적이고, '리스닝(listening)'은 타인중심적이다. 히어링은 상대방의 말을 흘려 듣는 낮은 수준의 듣기다. 자신에게 익숙한 말만 취하기 때문에 상대방의 요구를 헤아릴 수 없다. 그들은 이 들음을 통해 자신의 아집을 강화할 뿐이다.

이보다 높은 차원은 상대방의 마음을 배려하는 리스닝이다. 영어 동사인 '리슨(listen)'은 자신이 듣고자 하는 대상 앞에 전치사 'to'가 놓인다. 그러므로 '리스닝'은 상대방의 말에 나의 귀를 가져다대는 노력이 필요한 행위다. 자기중심적인 생각에서 벗어나 상대방에게 자신의 마음과 귀를 쭉 뻗어 내미는 수고다.

정적은 '또 다른 자신', '흠모하는 자신'이라는 타인의 섬세한 소리에 귀를 기울이는 고요다. 작곡자 이고르 스트라빈스키는 그 차이를 이렇게 말한다. "경청은 노력입니다. 그냥 듣는 것은 오리도 할 줄 압니다."

『정적』은 『심연』, 『수련』, 『승화』와 함께 네 권으로 이루어지는 '위대한 개인' 시리즈의 세 번째 책이다.
자신의 '심연'으로부터 흘러나오는 미세한 소리를 감지하고, 삶의 군더더기를 버리는 '수련'을 거친 사람은 '정적'을 통해 자기 자신이 변화하는 고요한 울림을 들을 수 있을 것이다.

이 책이 여러분의 삶의 여정 가운데 스스로 개성을 발견하는 발판이 되었으면 좋겠다.

2019년 9월

배철현

1부

평정
平靜

마음의
소용돌이를
잠재우는
시간

완벽이란 완벽에 대한 추구다.

배철현

완벽

完璧

■■■

가능의 한계를 시험하는 것

'완벽'이라는 단어에는 희망과 절망이 동시에 존재한다. 완벽은 내가 다가가는 만큼 언제나 저만치 도망가는 신기루다.

완벽은 나의 최선을 요구하는 희망이다. 완벽한 하루를 보내기 위해 군더더기를 제거하고, 나에게 절실한 한 가지에 몰입하도록 독려한다. 그러나 언제나 그렇듯이 완벽한 하루는 없다. 완벽을 향해 정진하면 할수록 목표점은 그만큼 더 멀리 도망가기 때문이다.

오늘을 완벽한 하루로 만드는 방법은 무엇일까? 1970년대, 완벽을 시도해 깨달음을 얻은 새 한 마리가 있었다. 미국 작가 리처드 바크는 100쪽 분량의 소설 『갈매기의 꿈』을 썼다. 주인공은 조나단 리빙스턴이라는 갈매기다. 조나단은 '완벽한, 그리고 최선의 갈매기'가 누구인가를 우리에게 여실히 보여준다.

조나단은 남다르다. 대부분의 갈매기들이 자신들의 삶에서 가장 중요하게 여기는 것은 먹잇감이다. 그러나 조나단에게 절실하고 중요한 것은 먹기 위해 연명하는 삶이 아니다. 조나단의 멘토였던 그의 아버지마저 비행의 목적은 먹이를 찾는 것이지 비행 자체가 아니라며 그를 나무란다.

그러나 조나단은 하루 종일 '완벽한 비행' 그 자체를 위해 나는 연습을 한다. 그는 매일 빠른 속도로 수면을 향해 하강하다가 순간 멈춰 다시 수평으로 나는 고도의 기술을 연마했다. 그는 이 반복을 통해 자신의 비행 기술의 한계를 조금씩 극복해나갔다.

그는 '가능의 한계'를 알고 싶었다. 그의 시도는 언제나 경계를 확장하다 보니 종종 실패했다. 실패는 완벽을 갈고닦기 위한 필수불가결의 과정이다. 실패가 없는 성공이나 완벽은 존재할 수 없다.

어느 날, 조나단은 이전보다 빠른 속도로 수면 위로 하강했다. 110킬로미터의 속도로 급하강하던 중, 정확한 순간에 멈추지 못해 벽과 같은 수면에 부딪쳐 거의 죽을 뻔한 위기에 놓인다. 조나단은 자책했다.

'완벽'이라는 단어에는
희망과 절망이 동시에 존재한다.

완벽은 내가 다가가는 만큼

저만치 도망가는 신기루다.

나는 갈매기다. 내 태생의 한계를 수용할 수밖에 없다. …
만일 내가 매의 속도로 날 수 있다면, 매의 짧은 날개를 가
지고 태어나 물고기가 아닌 뭍의 쥐를 잡아먹었을 것이다.

그는 체념하며 자신의 무능을 수용하고, 다른 갈매기처럼
그저 물고기를 잡아먹으며 연명하는 이전의 삶으로 되돌
아간다. 그는 다시 해변에 나가 인간들이 던져주는 과자나
받아먹는 비참한 갈매기로 살아간다.

완벽한 비행을 할 수 있는 예술가를 꿈꿔왔지만 구걸하는
신세로 전락한 자신에게 실망한 그는 고민에 빠진다. 그러
고는 다시 '갈매기'로서 한번도 시도해본 적이 없는 새로
운 비행 기술을 연마하기로 결심한다.
그는 자신의 날개를 최대한 밀착해 매처럼 접은 뒤, 몸과
바람의 흐름을 하나로 만들 수 있다면 고속으로 날면서도
방향을 자유자재로 전환할 수 있으리라고 생각했다. 그는
수만 년 동안 전승된 갈매기 비행 기법을 버리고 매의 비

행 기법을 연습했다.

그는 마침내 시속 340킬로미터로 하강할 수 있게 됐다. 조나단은 이제 '갈매기'가 아니라 '매가 된 갈매기'다. 그는 너무 기쁜 나머지 자신의 동료 갈매기들에게 새로운 비행을 선보였다. 그는 동료 갈매기들에게, 더 이상 배를 따라다니며 어부들이 버린 물고기 대가리나 먹으며 연명할 필요가 없다는 '복음(福音)'을 전한다.

그러나 조나단의 새로운 비행 기술은 동료 갈매기들의 시기와 질투의 대상이 되고 만다. 복음을 전하는 자들은 항상 배척당하기 마련이다. 조나단의 행위는 '분별없는 무책임'이며, 갈매기들의 목숨을 위태롭게 만들고 허황된 꿈을 꾸게 하는 '선동'으로 치부됐다.

갈매기 의회는 조나단에게, 갈매기의 삶의 목표는 먹는 것이며 비굴해도 가능한 살아 있는 것이라고 설교한다. 그러고는 조나단을 공동체에서 추방한다.

조나단은 홀로 '멀리 떨어진 절벽'에서 비행 연습을 한다. 그가 슬픈 이유는 자신이 소외되어서가 아니다. 동료들이 스스로 완벽한 비행을 할 수 있다는 사실을 깨닫지 못하는 안타까움 때문이다. 그들은 자신이 지닌 잠재성을 찾지도, 훈련시키지도 않아 발휘할 길이 없다.

갈릴리 호숫가에서 물고기를 잡아 자신의 식구만 먹여 살리던 시몬에게 예수가 말했다. "깊은 곳으로 가라!" 이 말을 풀어 쓰면 "당신은 자신의 최선이 발휘되는 가장 깊은 심연으로 자신을 몰아넣은 적이 있는가?"이다. 시몬이 깊은 곳으로 가자, 그는 베드로로 변신했다.

조나단은 비행을 연습하면 할수록 그것이 단순히 비행을 위한 것이 아니라 다른 갈매기보다 물고기를 더 많이, 그리고 더 효율적으로 잡을 수 있는 기술이라는 사실을 깨닫는다. 비행을 위한 비행이 결국에는 가장 많은 물고기를 잡을 수 있는 실용적인 기술인 셈이었다.

조나단은 이 수련 중에 자신과 유사한 비행을 연습하는 갈매기들과 조우한다. 이 도반들은 그를 갈매기들 중의 갈매기, 거의 완벽한 비행을 구사하는 갈매기에게로 데려간다. 그 갈매기의 이름은 '백만 마리 중에 한 마리'였다.

갈매기가 완벽한 비행을 감행하기 위해서는 천 번을 다시 태어나야 한다. 그리고 새롭게 태어날 때마다 일생에 거쳐 완벽한 비행을 연마하기 위한 훈련을 천 번 반복해야 한다. 만일 갈매기가 자신의 삶에서 완벽을 연습하지 않는다면 다음 생에서 처음부터 다시 그 절차를 밟아야 한다.

조나단은 자신이 '뼈와 깃털'로 이루어진 새가 아니라 완벽한 자유와 비행을 추구하는 존재라는 사실을 깨닫는다. '더 잘 날 수 있는 방법'은 언제나 저 하늘에 존재한다. 그것을 시도하는 갈매기를 기다리고 있을 뿐이다.

나는 어선 위에 버려진 물고기 대가리나 여객선의 승객들이 던져주는 새우깡에 의존하는 허접한 갈매기로 생을 마칠 것인가? 조나단은 우리에게 조언한다.

찬란하게 비행하는 방법을 배우십시오. 완벽한 비행은 당신이 짧은 일생 동안 시도할 수 있는 최선입니다.

완벽이란 완벽 그 자체가 아니라 완벽을 향한 열정과 노력이다.

모든 인간의 불행은

홀로 조용한 방에 앉아 있을 수 없어서 생깁니다.

파스칼

간격

間隔

■

사
이
의

침
묵

관계의 핵심은 '간격'이다. 간격이 존중될 때 관계가 온전해지고, 비로소 나는 독립적인 나로 존재한다. 나를 포함한 우주 안에 존재하는 모든 것들을 있는 그대로, 그럴 듯하게 만드는 것이 있다. 나와 너 그리고 불특정 다수인 3인칭과 구별을 가능하게 하는 사이, 즉 간격이다.

나와 너와의 관계에서 그 물리적이며 질적인 '사이'를 인정하지 않으면 그 관계는 무너진다. 나와 너 혹은 그들과의 관계에서 이 둘을 구별하는 시공간을 인정하지 않으면 나를 포함한 어떤 것도 스스로 존재할 수 없다.
나와 너 사이라는 차이는 우주 안에 존재하는 삼라만상을 자연스럽고 독립적으로 만드는 필요조건이다. 이 구별이야말로 숭고하고 거룩하다.

나는 거울을 본다. 거울에 반영된 나를 나로 인식할 수 있는 이유는 나와 거울 사이의 공간(空間) 때문이다. 나와 거울 '사이[間]'의 '빈[空]' 곳이 나를 살아 있는 존재로 만든다.

나와 너와의 관계에서
물리적이며
질적인 ———————————————— '사이'를
인정하지 않으면
그 관계는
무너진다.

간격은
우주 안에 존재하는
삼라만상을
자연스럽고 독립적으로
만드는
필요조건이다.

구조주의 언어학의 창시자로 불리는 로만 야콥슨(Roman Jacobsen)은, 인류의 진지한 생각을 담아 문명을 만든 '텍스트 (text)'가 두 가지 언어를 통해 표현된다고 말한다.

그중 하나가 문법적으로 분석이 가능한 정보다. 다음 문장을 예로 들어보자. 'You love me.' 이 영어 문장에서 'You'는 나를 사랑하는 주체이며 주어다. 'me'는 사랑이라는 동작의 대상이며 목적어다. 그리고 'love'라는 동사는 네가 나라는 존재에게 가하는 마음의 상태이자 동작이다. 여기서 'You', 'me' 그리고 'love'라는 단어는 문법적이며 가시적인 언어다. 야콥슨은 이 언어를 '버벌랭귀지(verbal language)'라고 불렀다.

그는 이 언어만큼 혹은 이 언어보다 더 중요한 언어가 있다고 주장한다. 그 언어는 문법적으로 설명할 수 없는, 보이지 않는 메타언어인 '넌버벌랭귀지(nonverbal language)'다.

영어 문장의 첫 글자는 '대문자'로 쓴다. 대문자는 이 단어가 문장의 시작이며, 이 문장을 읽는 우리에게 정신을 차리라고 신호를 준다. 'You love me.' 이 문장에서 'You'와 'love'와 'me' 사이의 간격이 이 셋을 각자로 존재하게 만든다.

만일 그 간격을 무시하고 'youloveme'라고 쓴다면 이는 문장이 아니다. 여기에는 대문자, 단어와 단어 사이의 간격, 그리고 문장이 끝났음을 상징하는 마침표가 필요하다.

만약 내가 이 문장의 맨 끝에 물음표를 붙이면 전혀 다른 의미가 된다. 'You love me?' 이 문장은 물음표라는 문장부호를 더해, 네가 나를 사랑하는지 혹은 그렇지 않은지를 묻는다. 혹은 'You, Love me!'라는 문장도 그 의미가 전혀 다르다. 이 문장은 제발 나를 사랑해달라는 표현이다.

'You love me.' 이 문장에서 단어와 단어 사이의 간격은 이 단어만큼이나 함축적이다. 말과 글로 정보를 주지 않으면서 이 문장 전체의 의미를 확정하기 위해 꼭 필요한 침묵이다.

이 간격의 침묵이야말로 절제이면서 동시에 웅변이다. 인류가 남긴 위대한 예술작품에는 항상 이 침묵이 존재한다. 그리고 그 작품을 감상하는 사람들의 심연을 자극해 자신의 삶을 노래하게 만든다. 예술의 특징은 바로 '침묵 속의 웅변(eloquentia ex silentio)'이다.

나와 너 사이를 맺어주는 위대한 감정인 사랑에는 간격이 필요하다. 이 절제된 간격이야말로 내가 너를 존엄한 존재로 인정하고 존중한다는 표현이다. 간격은 사랑의 완성이다. 시인 라이너 마리아 릴케는, 시인이 되고 싶어 하는 열아홉 살의 군인 프란츠 크사버 카푸스와 1902년에서 1908년까지 편지를 주고받았다. 릴케는 일곱 번째 편지에서 '사랑'의 의미에 대해 이렇게 쓰고 있다.

사랑은 선합니다. 사랑은 어렵습니다. 한 인간이 다른 인간을 사랑한다는 것은 우리가 완수해야 할 가장 어려운 임무일 것입니다. 그것은 인간에게 궁극적이며, 인간이 되기 위한 마지막 시험이며, 인간이라는 마지막 증거입니다. 사랑은 준비입니다. … 사랑은 합치는 것, 상대방에게 나를 온전히 주는 것, 그리고 함께하는 것이 아닙니다. 이 연합은 분명하지 않고, 완결되지 않고 한 사람을 다른 사람에게 종속시키는 것입니다.

사랑은 상대방과의 간격을 존중하는 연습이다. 그 간격은 대상을 온전한 인간으로, 온전한 세계를 가진 가치로 인정하는 발판이기 때문이다. 나를 존재하게 만드는 공간과 시간 그리고 내가 장악해야 할 순간에도 모두 간격이 있다.

간격을 인정하고 존중하는 사회가 선진사회다. 나는 오늘 그 간격을 인정하고 발견하고 싶다. 나는 그 간격을 존중하는가? 아니면 무시하는가? 나는 동료와 부인 혹은 남편과 자식과 형제자매, 그리고 반려견과 자연과의 간격을 인식하고 존경하는가?

나를 존재하게 만드는 공간과 시간,

내가 장악해야 할 순간에도

모두 간격이 있다.

이 절제된 간격이야말로
내가 너를 존엄한 존재로 인정하고
존중한다는 표현이다.

간격은

사랑의 완성이다.

나는 다른 사람의 칭찬이나 비난에
신경 쓰지 않는다.
나는 내 감성에 충실할 뿐이다.

모차르트

명심

銘心

━

심
장
에
새
긴
생
각

머리로 배운 것을 가슴으로 내리는 데 40년이 걸린다. 우리는 학습을 흔히 오랫동안 기억하려는 수고라고 착각한다. 시각적인 글이나 청각적인 말을 통해 배운 것을 머리에 간직하려 한다.

기억으로 존재하는 지식은 내 말과 행동을 통해 배려와 친절로 드러나야 한다. 만일 지식이 지식으로만 정체된다면 그것은 이념이 되어 나를 옥죄는 올무가 되고 타인을 배척하는 무기가 될 것이다.

인간은 배움을 통해 과거라는 현상 유지의 단계에서 자신이 열망하는 미래의 단계로 진입한다. 배움은 과거의 자신에게 안주하려는 이기심에 대한 체계적인 공격이며, 더 나은 자신을 만들기 위한 자기혁신의 분투다.

'학습'이라는 단어는 배움의 핵심을 담고 있다. 배움[學]이란 습관[習]이다. 정신적인 깨달음은 육체적인 노동을 반복함으로써 완성된다. 어미 새의 비행하는 모습을 오랫동안 목격한 어린 새는 날개를 퍼덕이며 스스로 비행을 연습해야 비로소 새롭게 태어난다. 배움이 실질적인 행위로 보강되지 않는다면, 그런 배움은 거짓이다.

우리는 흔히 타인과의 경쟁에서 경제적으로, 사회적으로 더 높은 자리를 차지하기 위해 학습한다. 다른 사람보다 미리, 많이 그리고 빨리 지식을 습득하는 것을 생존과 성공의 열쇠라고 생각한다.

나를 정신적으로, 영적으로 고양시키기 위해 학습하는 것이 아니라 사회가 요구하는 것들을 학습하느라 많은 시간과 돈을 투자한다. 인간은 스스로 자신의 길을 개척하는 선구자가 아니라 타인에 의해 입력된 내용을 풀어내는 수동적인 인간, 즉 로봇이 되어간다.

'로봇'이라는 단어는 체코의 국민작가 카렐 차페크(Karel Čapek)가 1920년에 출간한 『R. U. R.』에 처음으로 등장한다. 이 약자는 체코어로 'Rossumovi Univerzální Roboti'를 뜻하는데, 차페크는 이를 제목의 부제로 사용해 'Rossum's Universal Robots(로숨의 보편적인 로봇들)'로 표기했다. '로봇(robot)'이라는 영어 단어가 여기서 탄생했다.

로숨은 살아 있는 원형질을 화학적으로 융합해 인공적으로 동물을 제작할 수 있는 위대한 생리학자다. 그는 먼저 개를 만들고 후에 인간을 만들었다. 그가 인공적으로 만든 인간 로봇은 단순한 기계가 아니라 인간의 지능을 장착한 휴머노이드다.

그의 아들은 휴머노이드를 대량생산해 15년 만에 1만 달러이던 로봇의 원가를 150달러로 낮추는 데 성공한다. 이 로봇들은 인간의 기능을 초월해 반란을 일으키고, 결국 창조주 놀이를 하던 인간을 말살한다.

차페크는 우리에게 근본적인 질문을 던진다. "무엇이 당신을 인간으로 만듭니까?" 차페크는 IT 세계의 진보를 걱정한다. 인간은 로봇을 창조해 전통적인 신의 자리를 차지했다. '로봇'이라는 단어는 '노역하는 노동자'라는 의미를 지닌 체코어 '로보트니크(robotnik)'에서 유래했다. 체코어의 조상인 고대 슬라브어에서 '로보타(robota)'는 '노역하는 인간/노예'라는 의미다.

찰스 다윈이 『종의 기원』에서 주장한 것처럼, 인간은 타인과의 경쟁에서 살아남기 위해 적자생존과 약육강식을 신봉하는 동물인가? 혹은 그 야만성을 제거하고, 자신이 속한 공동체가 부가한 사소한 일을 반복하는 로봇인가?

배움은 더 나은 자신을 만들기 위한 고독한 수련이다. 인간은 로봇과 달리 스스로를 신적인 존재로 개조하기 위해 학습한다. 히브리 성서 〈잠언〉 3장 3절은 학습의 내용과 그 방식을 이렇게 설명한다.

친절과 진실이 너를 떠나지 않게 하라.
친절과 진실을 목에 묶고 너의 심장의 서판에 새겨라.

고대 이스라엘 성인은 우리에게 가장 인간다운, 그래서 신적인 두 가지 가치를 주문한다. 하나는 '친절'이다. 친절을 의미하는 히브리 단어 '헤세드(hesed)'는 역지사지하는 마음에서 출발해, 상대방의 희로애락을 나의 희로애락으로 공감하고 타인의 고통을 경감하기 위해 실제로 애쓰는 행동이며, 타인의 경사를 진실로 기뻐하는 마음이다.

친절은 인류 진화를 통해 축적된 최고의 가치다. 인류가 이족 보행을 하기 시작한 것은 아주 오래전이다. 불의 발견으로 자신들이 사냥한 동물을 익혀 먹으면서 내장은 짧아지고 뇌는 점점 커졌다. 인간은 이족 보행으로 좁아진 어머니의 산도를 무사히 통과하기 위해 10개월의 미성숙한 상태로 태어난다.

어머니라는 존재의 무조건적인 돌봄 없이는 어떤 인간도 생존하기 어렵다. 어머니의 사랑이 상징하는 친절의 DNA는 인간 생존의 핵심이다. 배움은 인간의 심연에 존재하는 친절의 유전자를 체계적으로 자극해, 그 사람의 언행으로 전환시킨다.

'진실'이라는 히브리 단어는 '에메스(emeth)'다. '에메스'는 히브리어 상태동사인 '아멘(amen)'의 여성명사형이다. 그리스도인들은 '아멘'이라는 단어를 통해 기도를 끝맺는다. '아멘'은 '믿고 있는 상태'를 뜻한다.

가령 내가 민주주의라는 가치를 믿는다면 그것은 한 번에 그치는 일회성 행위가 아니라 그 가치를 소중하게 여기고, 그것을 자신의 삶에서 구체적으로 구현하려는 삶의 태도다.

믿음은 자신의 삶에서 가장 소중한 것을 헤아리려는 생각 훈련이며, 그 훈련을 거쳐 자신에게 가장 소중한 것을 찾아내는 수고다. 믿음을 가진 자는 자신의 목숨까지 내놓을 수 있는 소중한 가치를 소유한다.

진실이란 그런 믿음이다. 진실이란 자기신뢰이며, 그 가치를 자신의 말과 행동으로 옮기는 용기다. 내가 스스로 고요한 중에 나의 마음을 수련하지 않으면 친절과 진실이 나를 떠난다.

성인은 나에게 친절과 진실을 '심장의 서판'에 새길 것을 요구한다. '심장 서판'이라는 히브리어 표현은 '루아흐 레브(luah leb)'다. 고대 이스라엘인들은 심장이 지적이며 영적인 활동을 위한 중앙제어장치라고 여겼다. 심장은 마치 조각가가 문자를 새겨 넣어야 할 석판과도 같다. 친절과 진실을 마음의 석판에 새기는 작업이 배움이다.

한자 '명심(銘心)'은 배움의 핵심 내용을 담고 있다. 배움은 자신의 머리가 아니라 심장에 그 내용을 새기는 작업이다. 배움은 나의 삶을 통해 자연스럽게 드러나는 최선의 가치다. 배움을 통해 자신의 삶을 조금씩 개선하려 노력하기 때문에 스스로에게 정돈되어 있고, 스스로에게 친절하다. 그런 사람이 남에게도 친절하다.

기원후 2세기 랍비인 벤 조마는 『탈무드』 중 '선조들의 어록' 4장 1절에서 이렇게 말한다.

누가 지혜로운가?
———— 모든 사람으로부터 배우는 사람이다.

누가 강한가?
———— 자신의 욕망을 절제하는 사람이다.

누가 부자인가?
———— 자신의 몫에 만족하는 사람이다.

누가 존경받을 만한가?
———— 자신의 동료들을 존경하는 사람이다.

우주는 당신의 밖에 있지 않습니다.

당신의 안을 바라보십시오.

당신이 원하는 모든 것들이

이미 그 안에 있습니다.

잘랄 앗딘 루미, 13세기 페르시아 수피 시인

의도

意圖

내
마
음
의
지
도

자연은 스스로 삼라만상의 원칙에 한 치의 오차도 없이 순응하기에 자유롭다. 산이 사시사철 변화무쌍하면서도 언제나 늠름하고 매력적인 이유는 자신에게만 온전히 몰입하기 때문이다.

산은 때때로 찾아와 보금자리를 만드는 동물들을 마다하지 않고 기꺼이 환영한다. 수많은 나무가 자라날 수 있도록 묵묵히 햇빛과 물을 제공한다. 인간들에게 등산을 허락해 육체와 정신의 건강을 선물한다.

강은 언제나 유유자적하다. 어디에서 흘러나왔는지 알 수 없지만, 산속 깊은 곳에서부터 샘물이 모여 자신이 가야 할 장소를 향해 항상 흘러간다. 시냇물에게 커다란 바위는 방해꾼이 아니라 자신이 가야 할 방향을 재촉하는 도우미다. 강물은 누가 막아서도 혹은 오물을 투척해도 정지하는 법이 없다. 강물은 자신이 가야 할 목표점, 바다를 향해 정진할 뿐이다.

현명한 사람은 자신이 도달해야 할 목적지를 알고 있다. 매일 그곳에 가기 위한 최적의 길을 발굴해 묵묵히 걸어간다. 그는 자신이 내딛는 한걸음 한걸음이 모여 목적지가 된다는 사실을 알기 때문에, 자신이 올바른 길 위에 있다고 확신한다. 자신이 걸어가야 하는 길을 저 높은 경지에서 관조해 발견했기 때문에, 그의 발걸음은 가볍고 활기차다.

그 여정은 깊은 묵상을 수련하는 자에게 수여되는 선물이다. 그는 그 길로부터 이탈시키려는 그 어떤 달콤한 유혹에도 흔들리지 않는다. 그의 마음속에는 자신이 가야 할 이정표가 있기 때문이다.

이 마음의 지도가 '의도(意圖)'다. 의도는 목적지를 향해 걷는 수행자의 내공이다. 평온한 사람은 마음속 깊이 은밀하게 의도한 것들을 말과 행동으로 자연스럽게 드러낸다.

고대 로마 시대의 스토아 철학자 세네카는 위대한 삶을 살기 위해서는 각자가 설계한 의도가 중요하다고 강조했다.

세네카는 라틴어로 '호모 노부스(Homo novus)'라고 불렸다. 호모 노부스는 '새내기'라는 의미인데 로마의 전통적인 귀족 가문 출신이 아님에도 불구하고, 최고 권력의 지위를 획득한 자를 일컫는 용어다. 그는 로마 식민지였던 코르도바 출신이었음에도 로마 제국의 2인자가 됐다.

세네카는 로마 황제 네로의 스승이자 고문이었을 정도로 성공한 정치가이자 철학자였지만, 훗날 네로 황제 암살을 기획했다는 '피소의 반란'에 연루되어 자살을 명령받고 생을 마쳤다.

파란만장한 인생을 살았던 세네카의 철학은 '말'이 아니라 '행동'이었다. 그는 철학을 지겨움을 달래는 지적인 유희가 아니라, 자신의 인격을 고양시키며 인생을 혼돈으로부터 질서로 인도하고, 자신의 행동을 개선하는 수련으로 여겼다.

세네카는 로마의 곡식 관리 책임자인 친구 파울리누스에게 '인생의 짧음에 관하여'라는 편지를 쓰기도 했다. 그는 이 에세이의 첫 부분에 인생의 덧없음을 다음과 같이 기술한다.

인생은 충분히 깁니다.

우리가 인생을 선용한다면,
최고의 업적을 충분히 이룰 수 있습니다.

그러나 무분별한 사치로 시간을 낭비하고
선행을 위해 시간을 사용하지 않는다면,

우리는 시간의 흐름을 인지하지 못한 채
흘러가버린 세월을
죽음의 순간에
마침내 깨닫게 됩니다.

그는 정적의 삶을 통해 자신이 반드시 해야 하는 일과 굳이
하지 않아도 되는 일을 구분했다. 그는 짧은 인생에서 완수
해야 할 구별된 임무를 위해 오늘 해야만 하는 일들을 묵묵
히 수행한다.

인생은 거친 바다를 항해하는 배와 같다. 선장이 자신이 원하는 항구에 무사히 배를 선착시킬 수 있는 이유는 배가 가야 하는 지름길이 그려진 '해도'를 소유했기 때문이다. 선장은 아무리 거친 파도가 몰아쳐 배를 뒤흔들어도 조타를 잡고 해로를 따라 거침없이 항해한다.

수메르인들은 인간에게 주어진 인생을 수메르어로 '남타르(NAM.TAR)'라고 명명했다. '남(NAM)'은 뒤따라오는 단어를 추상명사로 전환하는 접두사이고, '타르(TAR)'는 '(옷감을) 재단하다/자르다'라는 뜻이다. 남타르는 인간이 태어날 때, 신이 그에게 허용한 '재단된 것/잘려진 것'이라는 의미다. 남타르는 흔히 '운명'으로 번역된다.

로마인들은 운명을 라틴어로 '파툼(fatum)'이라고 불렀다. '운명'을 의미하는 영어 단어 '페이트(fate)'는 이 단어에서 파생됐다.

파툼은 '말하다/선언하다'라는 원(原) 인도-유럽어 동사 '*bha-'에서 유래된 것으로, 이 어근에서 '말하다'라는 의미의 라틴어 동사 '파리(fari)'가 파생됐다. 파툼은 파리의 과거 분사형으로 '선언된 것', 즉 '신이 인간에게 말한 것'이라는 뜻이다. 파툼이란 '인간에게 맡겨진 신적인 임무'다.

인생은 자신의 운명을 모르는 자에게는 불평과 불만의 대상이다. 그는 자신이 가야 할 길에 들어서지 않고 남들에게 주어진 길을 따라가기 때문에 신명이 나지 않아 하루하루가 힘들다. 그러나 자신의 임무를 아는 사람은 인생 여정의 지도를 가졌기에 하루하루 가야 할 구간을 간다.

시간은 누구에게나 주어졌지만, 눈으로 볼 수도 없고 손으로 만질 수도 없다 보니 사람들은 그 가치를 인정하지 않는다. 그들은 눈에 보이는 돈과 재산을 증식하고 보호하기 위해서는 목숨을 걸지만, 눈에 보이지 않는 시간은 무시한다. 현명한 사람은 자신이 가진 모든 재산 중 시간을 가장 값진 것으로 여긴다. 하루라는 시간을 장악하기 위한 사색, 그리고 사색을 통해 얻을 수 있는 삶의 나침반인 의도는 하루를 가치 있게 만든다.

라틴어로 시간을 뜻하는 단어 두 개가 있다. '아이타스(aetas)'와 '템푸스(tempus)'다. 아이타스는 양적이며 객관적인 시간으로 시계와 달력이 알려주는 하염없이 흘러가는 시간이다. 아이타스 안에서 사는 사람은 자신의 내면을 사색할 여유가 없다. 그는 자신과 상관없는 타인들의 일거수일투족에 탐닉하며 소일한다.

템푸스는 아이타스와는 질적으로 다른 종류의 시간이다. 템푸스는 원래 '자르다/구별하다'라는 아주 오래된 인도-유럽어 동사 어근 '템(tem)'에서 파생된 명사로 어떤 사건을 완수하기 위한 '결정적 순간' 혹은 '기회'를 뜻한다. 템푸스 안에서 사는 사람은 과거는 사라지고 미래가 현재가 되는 '지금'을 산다.

오늘은 나의 미래를 위한 절대적인 징검다리다. 오늘은 내가 간직한 의도를 펼칠 절호의 기회다. 의도란 심장에서 흘러나오는 미세한 소리를 들음으로써 생겨난다.

의도는 자신을 위한 구별된 시간과 장소에서 누리는 최선의 사치인 '고독'을 통해 숙성되는 내면의 소리다. 그 음성은 내가 오늘 반드시 행해야 할 임무를 알려준다. 그 음성은 컴컴한 바다 같은 하루를 항해하는 나에게 해도(海圖)를 제공한다.

나는 의도로 바다의 깊이, 해저의 지질을 감지할 뿐만 아니라 암초와 같은 장애물을 제거한다. 나는 오늘 어떤 임무를 행할 것인가? 오늘 하루를 항해할 나만의 의도를 나는 갖고 있는가?

누구에게나 주어진 이 시간을
눈으로 볼 수도 없고
손으로 만질 수도 없다 보니
사람들은 그 가치를 인정하지 않는다.

눈에 보이는
돈을 얻기 위해서는 목숨을 걸지만

눈에 보이지 않는 시간은
하염없이
낭비한다.

덜한 것이 더한 것이다.

미스 반 데어 로에

사소
些少

■

신은 디테일 안에 있다

나는 누구인가? 나는 오늘 어떤 사람으로 변하고 싶은가? 내가 몰입해야 할 한 가지는 무엇인가? 물밀 듯 다가오는 일상을 나는 어떻게 대처해야 하는가?

부분이 합치면 전체가 되고, 순간이 모이면 일생이 된다. 바다는 물방울의 집합체이고, 사막은 모래알의 집합체다. 인생은 지금 이 순간에 떠오르는 생각과 행동의 집합이다. 나의 삶은 겉으로는 상관없어 보이는 수많은 생각과 행동이 만들어내는 총체다. 이 총체가 바로 나다.

일 년이 순간의 연속이듯, 나의 운명과 개성은 내가 지금 떠올리는 생각의 결과물이다. 이 엄연한 사실을 깨닫는다면 모든 것이 거룩하고 모든 행동이 영적이다. 진리는 셀 수 없는 사소함으로 둘러싸여 있다.

하늘에서 떨어지는 빗방울이나 눈송이는 저 멀리서 빛나는 별만큼 완벽하다. 사소한 것을 무시하는 행위는 사소한 것들의 집합체인 우주를 무시하는 행위다.

일 년이 순간의 연속이듯,
나의 운명과 개성은
내가 지금 떠올리는 생각의 결과물이다.

진리는
셀 수 없는 사소함으로
둘러싸여 있다.

일 초는 어느새 일 분이 되고
일 분은 금세 한 시간이 된다.
아침이면 저녁이 되어 하루가 끝나고,
좀 전에 새해를 맞이했는데,
벌써 12월 31일이다.
기억 속에 남아 있는 초등학교 시절이
반세기 전이라는 사실을 감안하면,
내가 이 세상을 떠나는 날의 시점도
눈 깜짝할 시간에 나를 엄습할 것이다.

순간이 일생이며
―――――――――― 일생이 순간이다.

'사소'에 집착해 20세기 건축에 획을 그은 사람이 있다. 독일에서 석공의 아들로 태어난 미스 반 데어 로에(Mies van der Rohe)다. 그는 1929년 스페인 바르셀로나에서 열리는 만국박람회에 독일관을 설계하도록 위임받았다.

그는 자신의 심연에 몰입하는 수련을 통해 자연스럽게 발현되는 자신의 철학과 카리스마를 건축으로 표현했다. 그가 설계한 독일관에는 내부와 외부의 경계가 없다. 커다란 투명 유리와 반투명 대리석으로 가득한 이 구조물의 중심축은 가는 기둥뿐이다.

미스 반 데어 로에는 스페인 국왕의 방문에 앞서 이 공간에 어울릴 만한 의자도 만들었다. 이 의자는 흔히 '바르셀로나 의자'라고 불리는데, 기원전 15세기 고대 이집트의 의자를 본떠 만든 것이다. "과거에 있었던 것이 미래에 있을 것이며, 과거에 행해졌던 것이 미래에도 행해질 것이다. 해아래 새로운 것은 없다"는 〈전도서〉 구절이 생각난다.

고대 근동의 패권을 잡은 파라오 투트모세 3세는 신의 대리자인 파라오에 어울리는 의자를 제작했다. 이 의자는 고정된 왕좌가 아니다. 손으로 들고 언제든, 어디든 이동할 수 있는 접이식이다. 다시 말해 어디를 가든, 어디에 있든 자신이 통치자임을 확인시켜주는 이동식 왕좌다.

이 의자는 나무로 된 X자 다리와 가죽으로 만든 좌판으로 구성되어 있다. 당시 중동과 유럽 전역에 수출된 이 의자는 이집트, 메소포타미아, 터키, 미케네, 그리스 심지어 알프스 산맥을 넘어 오늘날 독일 할레에서도 발견됐다.

미스 반 데어 로에는 X자 다리는 크롬 도금으로 장식했고, 그 틀에 가죽 좌판과 등받이를 얹었다. 3500년 전에 파라오가 앉았던 의자를 본뜬 만큼 20세기 스페인 국왕이 앉아도 손색없을 정도의 품위를 지녔다.

바르셀로나 의자는 미스 반 데어 로에가 건축한 투명한 건물처럼 빈 공간을 가구의 일부로 솜씨 있게 엮었다. 더하거나 뺄 것 없이 그 자체로 의연하고 독립적이다.

미스 반 데어 로에는 자신의 예술 정신을 담은 두 개의 명언으로도 유명하다. 그중 하나는 "덜한 것이 더한 것이다(Less is more)"이다. 창조는 더하는 것이 아니라 제거해도 되는 것을 빼는 용기다. 더 이상 덜 것이 없는 것이 가장 완벽한 구조다. 영국 오컴에서 태어난 중세 철학자이자 프란체스코 사제였던 윌리엄은 '오컴의 면도날'이라는 공식을 만들어 다음과 같이 주장했다.

Frustra fit per plura quod potest fieri per pauciora.
적은 수로 완수할 수 있는 것을
더 많은 수로 완수하는 것은 부질없습니다.

미스 반 데어 로에는 최소가 최대라는 역설이 진리라는 사실을 작품으로 보여주었다.

다른 하나는 "신은 사소한 것들에 있다(God is in details)"라는 문장이다. 내가 박사학위 논문을 쓸 때 지도교수가 논문에서 오자를 발견할 때마다 내게 했던 말이기도 하다. 예를 들어 영어문장 'You love me.'와 'You, love me!' 혹은 'You, love me?'는 그 의미가 전혀 다르다. 마찬가지로 1.00과 100이라는 숫자는 하늘과 땅 차이다.

문장을 위대하게 만드는 것은 띄어쓰기, 마침표, 느낌표, 단어의 배열과 같이 사소해 보이는 것들이다. 미스 반 데어 로에가 어떤 것을 남겼다면, 그것은 필수적이며 중요하다.

아침 이슬의 구조는 아인슈타인의 상대성이론만큼이나 숭고하다. 파르테논 신전의 수많은 벽돌들도 저마다 자신의 완벽한 크기와 위치를 알고 있다. 사소한 벽돌들이 모여 자연스럽게 위대한 파르테논 신전으로 태어났다.

허망한 사람은 거대 담론에 집착한다. 지금 당장 해야 하는 사소한 일들을 무시하거나 얕본다. 그는 자화자찬에 중독되어 불가능한 일을 꿈꾸기 때문에 자신과 주위를 돌보는 겸손이 없다.

반면 위대한 사람은 지금 여기, 자신에게 주어진 사소한 일을 세상에서 가장 중요한 일로 여긴다. 그는 대중의 환호나 대가를 바라지 않는다. 그런 것들은 그의 집중을 흔들어놓는 방해꾼이다.

위대하고 지혜로운 사람은 사소한 일을 위대하게 처리한다. 그에게는 어느 것 하나도 하찮지 않다. 어리석은 사람은 사소한 일들을 대충 처리한다.
지금 이 순간, 나에게 주어진 사소한 일은 무엇인가? 나는 그 사소한 것들을 얼마나 완벽하게 관찰하고 있는가? 그 사소한 것들에 얼마나 마음을 다하고 있는가?

사소한 것을 무시하는 행위는
사소한 것들의 집합체인
우주를 무시하는 행위다.

지혜로운 사람은
사소한 일상을 통해
자신 스스로 주인이 된다.

지금 이 순간, 나에게 주어진 사소한 일은 무엇인가?

패션은 변합니다.
그러나 스타일은 변하지 않습니다.

코코 샤넬

스타일
style

나를 정의하는 문법

나를 나답게 만들어주는 삶의 문법이 있다. 오늘 하루는 그 문법을 준수하고 확장하는 기회다. 하루라는 시간은 내가 순수하게 만들어낸 사적인 생각과 말 그리고 행동이며, 그것이 나를 떠나 타인을 통해 재창조되는 공간이다.

스위스의 구조주의 언어학자인 소쉬르(Ferdinand de Saussure)는 '나'라는 개인이 만들어낸 지극히 개인적이며 시적인 방언을 '파롤(parole)'이라 하고, 그 파롤이 노니는 지평선과 같은 문법을 '랑그(langue)'라고 불렀다. 랑그는 지금─여기서 내가 사용하는 어휘와 몸짓을 총괄하지만 그것에 매달리지 않는다.

롤랑 바르트(Roland Barthes)의 용어를 빌리자면, 볼 수는 있으나 손으로 잡을 수 없고 도달할 수 없는 '저 너머에 존재하는 어떤 것(au delà)'이다. 그것은 밤하늘의 별과 같아서 내가 멀리서 관조하고 흠모할 수 있지만 접근이 불가능하고 불허하는 금기다.

스타일은 자신이 헌신할 수 있는
삶의 원칙이자 문법이다.

이 문법이 없다면 ——————
내가 하루 동안 떠올리는
생각들은 잡념이 되고,
그 생각에서 나오는 말들은
잡담이 된다.

그러나 이 금기가 없다면 나의 일상은 무의미로 전락할 것이다. 그 금기인 문법을 추구할 때, 나도 모르는 것이 등장해 나를 감싸고, 결국 나의 피와 살이 될 것이다. 그것이 '스타일(style)'이다.

스타일은 나를 나답게 만들어줄 뿐만 아니라 내가 기꺼이 순교할 수 있는 가치다. 인류 문화와 문명은 자신만의 스타일을 구축하기 위해 헌신한 사람들이 만든 작품이다.

1980년대 말, 머나먼 땅 미국에서 스타일이라는 개념을 알려준 스승 한 분을 만났다. 그는 나와 면담하던 어느 날, 자신의 안주머니에서 책 한 권을 꺼내 보여주었다. 윌리엄 스트렁크(William Strunk Jr.)와 E. B. 화이트(E. B. White)가 쓴 『The Elements of Style』이라는 작은 책이었다.

이 책이 내 삶의 바이블이 되기까지는 수십 년이 걸렸다. 스승은 이 책을 침대 옆 탁자에 놓아두고 매일 저녁 조금씩 읽는다고 했다. 나는 이 책이 몸가짐과 옷매무새 혹은 예절에 관한 안내서인줄 알았다. 미국 소설가 스티븐 킹이 『유혹하는 글쓰기』라는 책의 서문에서 작가가 되고 싶은 사람들은 『*The Elements of Style*』을 반드시 읽어야 한다고 말한 이유를 요즘에서야 절실하게 느끼고 있다.

스타일은 자신을 정의하는 아우라이며 문법이다. 이 문법이 없다면 내가 하루 동안 떠올리는 생각들은 잡념이 되고, 그 생각에서 나오는 말들은 잡담이 된다. 그리고 나의 행동들은 굳이 안 해도 되는 헛수고가 된다.

영어 단어 '스타일(style)'은 원래 '글을 쓰는 도구/펜' 그리고 '펜을 통해 전달하는 이야기'라는 뜻이다. 요즘 스마트폰에 딸려오는 볼펜과 유사한 길쭉한 막대기를 '스타일러스(stylus)'라고 부른다. 스타일러스는 라틴어 '스틸룸(stilum)'에서 유래했다. 고대 로마인들이 밀랍이 덮인 토판에 자신의 생각을 글로 옮길 때 사용하던 철필을 의미한다.

밀랍 위에 쓰는 글씨 모양은 사람마다 다르다. 우리의 자필

서명과 같다. 필체에는 나만의 개성이 그대로 드러난다. 기원전 1세기 로마의 서정 시인 호라티우스는 위대한 시인이 되기 위해서는 자신의 스타일이 중요하고, 그 스타일은 고민을 통해 매순간 지워야 한다고 말한다.

Saepe stilum vertas,
iterum quae digna legi sint scripturus
만일 당신이 다시 읽을 만한 글을 쓰고 싶다면,
자주 철필(stilum)을 거꾸로 들고 지워야 합니다(vertas)

ㅡ「풍자시」 X.72

필사자는 밀랍으로 만든 태블릿에 글을 쓰기 위해서는 이전에 쓴 기호를 말끔히 지우고, 그 위에 새롭게 글씨를 기록했다.

스타일에는 단순한 필기도구 이상의 심오한 의미가 담겨 있다. 스타일은 자신의 생각을 손을 통해 글로 표현하는 것이지만, 폭넓은 의미로는 삶의 태도이자 삶의 방식이다. 이 단어는 고대 프랑스어 'stile'와 'estile'가 의미하는 것처럼 '패션/미용'으로 확대되어 사용되기 시작했다.

'스타일'의 원래 의미는 '나를 세워주는 어떤 것'이라는 뜻이다. 원(原) 인도-유럽어의 어근 '*stel-'은 '세우다/질서정연하게 중심을 잡아 땅에 박다/설치하다'라는 의미다. 영어 단어 '스틱(stick)' 혹은 '스테이크(stake)'도 같은 어원에서 유래했다.

스타일은 또한 13세기 중세 종교 권력이 자신과 생각이 다른 사람들을 화형시켰던 말뚝(stake)이다. 고대 그리스어 '스타우로스(stauros)'는 범죄자들을 처형시키던 커다란 막대를 의미했다.

자신의 영역을 표시하거나 무언가를 광고하기 위해 기반이 되는 설치물이 스타일이다. 연필이나 펜의 끝이 뾰족하듯이, 설치를 위한 나무의 끝은 날카로워야 한다.

스타일은 자신이 헌신할 수 있는 삶의 원칙이자 문법이다. 내 삶을 지탱해줄 나만의 스타일은 무엇인가?

나는
내가 설치할 막대기의 끝을
갈고닦아

내가
서 있는 이 장소에
깊이 세우고 있는가?

나는
무엇을 위해
이 말뚝 위에
올라설 것인가?

미천한 사람은 운이나 환경을 의지합니다.

강인한 사람은 인과를 믿습니다.

랄프 왈도 에머슨

인과

因果

——

지혜보다 지혜롭고 정의보다 정의로운 것

2 더하기 2는 영원히 4다. 2 더하기 2가 5일 수는 없다. 이 때 '2 더하기 2'는 원인이고, '4'는 결과다. 우주 안에 존재하는 삼라만상은 이 '인과'라는 원칙에서 벗어난 적이 없다. 만일 사소한 곳에서라도 인과의 원칙이 어긋난다면, 그것은 더 이상 우주가 아니다. 인과라는 질서가 무너지면 우주는 더 이상 존재할 수 없다. 혼돈에 빠질 것이다.

우주 안에 존재하는 모든 천체들은 중력을 매개로 정밀한 수학적 원칙에 따라 절묘한 조화를 유지한다. 무려 138억 년 동안 그렇게 존재해왔다. 천체들뿐만 아니라 그 안에 존재하는 모든 생물과 무생물, 심지어 신들까지도 인과의 원칙을 벗어나지 않는다. 인과는 지혜보다 지혜롭고 정의보다 정의롭다.

고대 그리스 수학자 피타고라스는 이 원칙을 그리스어로 '코스모스(kosmos, κόσμος)', 즉 '질서'라고 불렀다. 인과의 질서가 깨진 상태가 '카오스(chaos, χάος)', 즉 '혼돈'이다. 혼돈이란 2 더하기 2는 4라는 인과의 질서가 무시되거나 적용되지 않는 상태다.

질서의 특징은 '선(善)'이다. 선, 즉 '착함'의 가장 중요한 의미는 '질서가 있는/조화로운'이다. '선'에 해당하는 히브리어 '토브(tob, טוב)'의 기본적인 의미는 '조화로운/향기로운'이다. 전체를 구성하는 중요한 일부일 뿐만 아니라 전체가 어울리도록 향기를 내뿜는다. 조화는 인과의 원칙이 적용되는 이상적인 상태다.

'악'에 해당하는 히브리어 '라(ra, רע)'는 '질서가 깨진/억지스런'이라는 의미다. 악은 미움, 시기, 경멸, 불의와 같은 감정에 사로잡혀 마음의 갈피를 잡지 못하는 혼돈이다. 더 나아가 자신의 부족함을 남의 탓으로 돌리는 비겁함이다.

악한 말과 행동은 고약해서 누구나 그 의도를 알아본다. 악이란 자신에게 집중해 '더 나은 나'를 찾지 못하고, 자신이 아닌 타인이 만든 허울을 부러워하거나 시기하는 어리석음이다.

내 삶을 지배하는 환경은
원인과 결과의 끊임없는 작용이다.

나의 사소한 생각과
무심코 내뱉은 말,
생각 없이 하는 행동들이

내 삶의 격을
결정한다.

우주 안에 존재하는 모든 것들, 내 삶을 지배하는 환경은 원인과 결과의 끊임없는 작용이다. 이 세상에서 원인과 결과라는 우주의 원칙을 벗어나는 것은 하나도 없다.

마당에 의연하게 서 있는 나무가 내게 기쁨을 줄 수 있는 것은, 누군가 오래전에 그 나무을 심었기 때문이다. 어떤 선수가 올림픽에서 금메달을 획득했다면, 그 선수는 지난 4년 동안 누구보다도 많은 땀을 흘렸을 것이다. 인과의 또 다른 표현은 공평이다. 공평은 인과의 자연스러운 적용이다.

나의 사소한 생각과 무심코 내뱉은 말, 그리고 생각 없이 하는 행동들이 내 삶의 격을 결정하는 원인이다. 이것들은 어떤 식으로든 내 삶에 영향을 끼칠 수밖에 없다.

빅뱅을 통해 시간과 공간이라는 틀이 등장하고, 그 안에 천체가 생성됐다. 천체들은 서로 밀고 당기는 중력을 통해 절묘한 조화와 균형을 유지한다. 무언가가 빅뱅이라는 원인을 제공해 우주라는 결과가 생겼다. 우주의 생성과 유지의 비밀은 인과라는 원칙에 있다. 낮에는 하늘을 가로지르는 태양, 밤이면 반드시 나를 찾아오는 달과 별, 이 모든 것은 원인과 결과라는 질서와 조화의 솔직한 표현들이다.

현재 태양계 안에 존재하는 행성들 사이에 유지되고 있는 팽팽한 긴장관계인 '중력'이 조금이라도 틀어진다면, 지구는 곧 종말을 맞이할 것이다. 우주를 지탱하는 대원칙인 인과는 인간과 인간이 속한 공동체의 운명을 유지하는 근간이다.

6세기, 이탈리아의 나폴리와 로마 중간에 위치한 도시 카시노에 몬테카시노 수도원을 세워 당시 세속화된 그리스도교의 혁신을 일으킨 수사가 있다. '누르시아의 베네딕토(Benedict of Nursia)'다.

그는 수도원을 세워 수사들과 함께 공동체 생활을 시작했다. 그는 공동체 안에서 생활하는 수도자들과 수도원의 운영을 위해 『베네딕토 규칙서(Regula Benedicti)』를 저술하기도 했다. 이 책은 지난 1500년 동안 그리스도 신앙의 중요한 전통이 됐다.

이 공동체의 모토는 중세 라틴어 문장 '오라 에트 라보라(ora et labora)'다. 기도가 원인이라면, 그 결과는 수사들의 노동과 성과다. '오라 에트 라보라'의 의미는 '기도하라, 그리고 일하라'이다.

나는 이 문장을 고전 라틴어 문장으로 이렇게 다시 해석하고 싶다. '라보레 에스트 오라레(LABORE EST ORARE).' 이 문장을 번역하면 '노동이 기도다'이다. 이 수도원 안의 수사들에게 노동은 기도였고, 기도는 노동이었다.

나의 일, 나의 생각, 나의 말, 나의 행동은 나의 기도일 수밖에 없다. 뿐만 아니라 나의 기도는 원인이 되어 나의 행위라는 결과로 드러날 수밖에 없다.

내 머릿속에 등장하는 작은 생각은 원인이 되어 결국 나의 말과 행동이라는 결과로 나타난다. 나쁜 생각, 잔인한 생각은 내 마음에 해를 끼쳐 결국 나쁜 말과 행동을 초래한다.

삶은 인과를 기반으로 한 산수다. 인과라는 수학을 배운 적이 없는 학생에게 삶은 혼돈스럽고 복잡하다. 그러나 인과를 습득한 인간에게 삶은 단순명료하다. 내가 선을 심으면 정의, 조화, 자비가 찾아온다. 이것들이 우주를 지탱하고, 나를 행복하게 만드는 원칙들이다.

이 원칙들을 알고 내 삶에 적용시키는 것이 행복이다. 내가 선이라는 씨앗을 심는 이유는, 그 자체가 자연스럽고 행복하기 때문이다. 우주의 원칙인 인과는 언젠가 선의 열매를 맺을 것이다.

마음의 수련을 거치지 않는 진보는 없다. 마음속에 허망이나 요행이라는 씨앗을 심는 사람은 어리석다. 그럼에도 우리는 종종 환경을 탓한다. 그러면서 더 나은 기회가 찾아오기를 기도한다. 행복의 비결은 불행의 비결과 마찬가지로 내 마음속에 있다.

저 큰 느티나무가 그 자리에 서 있는 이유는,

누군가 오래전에 씨앗을 심고

먼 훗날 커다란 나무가 될 것이라

믿었기 때문이다.

오래전 내 마음에 심어놓은 나무는

얼마나 크고 의연해졌을까?

오늘,

나는 내 마음에 또 어떤 씨앗을 심을까?

2부

부동
不動

움직이지
않는 것을
보는 힘

준비하지 않는 자는 실패를 준비하는 자다.

벤저민 프랭클린

준비

準備

아무도 모르게 갈아 놓은 도끼날처럼

나는 이른 아침, 명상으로 하루를 시작한다. 명상은 출발선 상에서 신호탄을 기다리는 달리기 선수의 마음가짐이다. 첫 발을 유연하고 확실하게 딛기 위해서는 온몸에 힘을 빼고 총성과 함께 스프링처럼 튀어오를 만반의 준비 자세를 취해야 한다. 명상은 내가 오늘 반드시 해야 할 일과 굳이 하지 않아도 되는 일을 선명하게 구별하는 감별사다.

내가 오늘 완수해야 할 일은, 우선 나에게 감동적이어야 한다. 나에게 감동적인 것이 내가 속한 공동체에도 감동적이기 때문이다. 그 일은 미래 시점에서도 훌륭해야 한다. 그 일은 희망적인 미래를 위한 첫걸음이어야 한다. 이 발걸음이 차곡차곡 쌓이면, 나도 모르는 사이에 그 목적지에 도달해 있을 것이다.

내가 굳이 하지 않아도 되는 일이란, 나와 상관없는 무언가에 연연해하는 것이다. 남들이 나에게 부과한 기대, 혹은 타인의 기준에 나를 억지로 맞추려는 눈치, 혹은 과거의 습관에 무의식적으로 매달리려는 구태의연함을 버려야 한다.

명상은 하루를 성공적으로 살겠다는 정신적이며 영적인 준비다. 성공은 내가 의도한 일에 대한 나의 실력과 그 일에 몰입하겠다고 다짐하는 준비, 그리고 혼신의 힘을 다해 집중하는 성실, 이 세 가지로 이루어져 있다. 준비는 최선의 실력이 발휘되도록 나를 온전히 몰입하게 하는 시발점이다.

유대인들은 오래전부터 하루의 중요성을 깨달았다. 일주일 중 하루를 의도적으로 구분했다. 겉으로는 아무것도 하지 않는 날인 것 같지만 모든 것을 성공적으로 완수하기 위한 포석이다. 우리는 그런 행위를 '거룩'이라고 부른다.

거룩이란 일상의 해이한 생각과 말 그리고 행동이 침범하지 못하도록 견고한 울타리를 치는 것이다. 거룩은 음악 경연에 나간 피아니스트가 손을 건반 위에 올리고 첫 음을 치기 전, 의자에 앉아 가만히 정성을 모으는 순간과 같다.

내가 오늘 완수해야 할 일은,
우선 나에게 감동적이어야 한다.

이 발걸음이 차곡차곡 쌓이면,

──────── 나도 모르는 사이에
그 목적지에 도달해 있을 것이다.

'거룩'을 의미하는 한자 '성(聖)'은 나의 귀[耳]로 마음속 깊은 곳에서 은밀히 들리는 소리를 포착해, 그 일을 완수하겠노라 입[口]으로 말하고, 그것을 하늘과 땅을 하나로 만들 만큼[壬] 정성을 다해 애쓰는 신비한 합일이다.

로마 시대에 에픽테토스라는 스토아 철학자가 있었다. 에픽테토스는 2000년 전에 히에라폴리스(오늘날 터키의 파묵칼레)에서 태어났다. 그는 어려서부터 노예 생활을 한 탓에 한쪽 다리를 저는 절름발이가 됐다.

그러나 이런 외적인 암울한 환경이 그의 고귀한 영혼을 비참하게 만들 수는 없었다. 불편한 몸은 그가 위대한 철학자가 되는 데 도움이 됐다. 그는 누구도 침범하거나 구속할 수 없는 정신을 고양시켰다.

그에게 인생은 자신이 조절할 수 있는 것과 조절할 수 없는 것으로 구성되어 있었다. 그는 자신이 조절할 수 있는 마음을 수련했다. 그의 주인은 학문에 대한 그의 열정에 감동해 그에게 자유를 주었다.

자유를 얻은 그는 아테네에서 소크라테스의 글을 읽고 철학자로서 일생을 살기로 결심한다. 그는 그리스 북부에 위치한 니코폴리스에 철학 학교를 건립해 후학들에게 자유롭고 독립적인 인간이 되는 길을 가르치며 살았다.

그는 준비의 중요성에 대해 이렇게 말했다.

사람들은 물었다. "우리는 자신의 개성에 어울리는 것을 어떻게 인식할 수 있습니까?" 그(에픽테토스)가 대답했다. "황소가 사자의 공격을 받았을 때, 황소는 자신의 힘을 어떻게 발견하고 소떼들을 방어하기 위해 나설 수 있습니까? ⋯ 그런 황소는 갑자기 만들어지지 않습니다. 용감한 자도 마찬가지입니다. 우리는 여름 전쟁을 준비하기 위해 겨울 내내 고된 훈련을 견뎌야 합니다. 우리와 상관이 없는 것들에 성급하게 달려들어서는 안 됩니다."

— 『담화록』 I.2.30-32

그가 살던 시대의 전쟁은 오늘날처럼 시간에 구애받지 않는 전면전이 아니었다. 눈이 오는 겨울은 전쟁을 멈추고 여름 전쟁을 준비했다. 전쟁의 승패는 남들이 모두 쉬는 겨울에 행하는 혹독한 군사 훈련에 달려 있다.

축구 선수 리오넬 메시나 농구 선수 르브론 제임스 같은 세계적인 선수들의 특징은, 동료 선수들보다 훨씬 많은 양의 훈련을 스스로 기꺼이 해낸다는 점이다. 혁신적인 인간은 스스로 훈련을 거듭하며 더 나은 자신을 위해 준비한다.

'준비(準備)'라는 한자는 꽤나 의미심장하다. 첫 글자 '준(準)'은 '물'을 의미하는 '삼수변(氵)'에 '송골매 준(隼)'이 합쳐졌다. 두 번째 글자 '비(備)'는 사람이 화살을 넣는 도구를 갖춘다는 의미다.

준비는 저 아래 강물 속을 헤엄치는 물고기를 발견한 송골매처럼, 자기에게 주어진 소중한 하루를 위해 나만의 화살을 만들어 화살통에 가지런히 놓아두는 과정이다. 미국의 제16대 대통령인 에이브러햄 링컨은 이렇게 말했다.

내게 나무 한 그루를 베는 데 여섯 시간이 주어진다면, 나는 먼저 네 시간 동안 도끼날을 날카롭게 갈겠습니다.

당신은 오늘을 위해 어떤 준비를 해왔는가? 그리고 내일을 위해 오늘 하루 또 어떤 준비를 하겠는가?

디자인은 문화를 창조합니다.

문화는 가치를 형성합니다.

가치는 미래를 결정합니다.

톰 피터스, 경영학자

디자인
design

나만의 무늬를 수놓는 일

작문(作文, composition)이란 나만의 무늬[文]를 인위적으로 만드는[作] 의지와 노력이다. 무늬란 나다운 색과 형태를 알고, 그것을 내 삶에 어울리게(com) 배치(position)할 때 뿜어져 나오는 아우라다.

작문은 고도의 인위이며, 그 노력의 결과로 얻게 되는 자연스러움이다. 이 인위적인 노력이 없다면 선후 배치를 통한 조화도 없고 아우라도 생기지 않는다.

자연스러움은 산과 같고 강과 같고 나무와 같고 꽃과 같고 새와 같다. 자신이 지금, 여기에서 해야 할 일을 하고, 그것에 묵묵히 몰입하는 극도의 정교함이 가장 자연스러운 것이다.

산은 얼마나 뿌리를 내렸는지 알 수 없다. 항상 그 자리에 묵묵히 선 채 침묵한다. 강은 도도하다. 오물과 쓰레기가 흘러들어도 아랑곳하지 않고 자신이 가야 할 바다를 향해 유유히 흘러간다.

나무는 사시사철의 변화를 안다. 잎을 낼 때와 잎을 떨어뜨릴 때를 정확하게 안다. 시간이 되면 자신의 내면에서 분출된 가지와 잎을 미련 없이 떨구어 내어 자신이 태어난 땅으로 돌려보낸다.

꽃잎 하나에는 인간의 숫자와 언어로는 상상도, 표현도 할 수 없는 정교함과 조화로움, 대칭, 향기로움 그리고 무늬와 같은 우주의 비밀이 담겨 있다.

'나만의 무늬를 수놓는다'는 곧 '나 자신이 되는 것'이라는 의미다. 여기서 말하는 '나 자신'이란 유기해야 할 어제의 내가 아니라 내가 흠모하는 미래의 '나 자신(myself)'이다. 새로운 나는 과거라는 진부와의 결별에서 시작된다.

신화에서 과거의 자신을 표현하는 문구를 라틴어로 '데우스 오티오수스(deus otiosus)', 즉 '한가한 신'이라고 한다. 중세 신학자 토마스 아퀴나스와 니콜라스 쿠자누스는 이 문구를 잘못 이해해 인간이 숭배해야 할 '숨어 있는 신'으로 해석했다. 신화와 비극에서 과거의 자신을 유기하는 내용이 오이디푸스 콤플렉스와 엘렉트라 콤플렉스다.

어제의 나는 자신이 알고 있던 과거의 문법에 자신을 감금해 그것이 옳다고 주장한다. 이 주장이 바로 이기심이다. 니체는 인생의 모험을 회피하고 안정과 편함만을 추구하는 현대인을 "마지막 사람(Last Man)"이라고 불렀다.

그는 인간의 최선을 상징하는 초인(超人)을 찬양했다. 초인은 매일 과거의 자신으로부터 용맹스럽게 탈출하는 '엑스터시'를 연습하고, 인간으로서의 한계를 확장하는 자다.

〈출애굽기〉 3장에서 모세가 발견한 신은 바로 이런 속성을 지녔다. 모세가 신의 이름을 물으니, 그가 말한다. "나는 나 자신이 된다."

이 문장의 히브리어 표현 '에흐에 아쉐르 에흐에(ehye asher ahye)'는 번역이나 해석을 거부하는 신비한 문장이다. 나는 이 문장을 '나는 나 자신이 된다(I become Myself)'로 이해한다. 이 문장에서 말하는 'Myself'는 새로운 나, 생경한 나이지만 그 근거는 '나(me)'에 있다는 점이 신기하다.

새로운 나를 만드는 기반은 '나'일 수밖에 없다. 내가 인생을 통해 추구해야 할 그것은 저 먼 하늘의 별이 아니라 내가 이미 마음속에 지니고 있는 별이다.

인생이란 재미있고 감동적인 이야기를 창작하는 작문이다. 그 작문에는 원칙이 있다. 원칙이란 축구 경기의 규칙이며, 영어의 문법이고, 삶의 규범이다. 규칙과 문법을 지키지 않는 경기는 난장판이고 문장은 낙서일 뿐이다. 규범이 없는 삶이란 야만이다.

위대한 개인은 자신에게 어울리는 삶의 디자인을 선택하고, 그것을 목숨처럼 아낀다. 작문은 오랜 삶의 수련을 거쳐 도달하는 끝이 보이지 않는 삶의 기술이다.

'디자인(de-sign)'은 두 개의 단어가 합쳐진 말이다. 하나는 전치사 '데(de)'이고, 다른 하나는 라틴어 동사 '시그나레(signare)'에서 파생한 '사인(sign)'이다. '시그나레'는 '영역을 표시하다/자신을 남들과 구별하다/자신의 무늬를 통해 무엇을 의미하다'라는 뜻이다.

전치사 'de'는 뒤따라오는 단어를 반대하거나 부정하는 의미가 아니라 그것을 통해 나오는 파생, 추론, 추상이다. 'de'에는 어떤 것을 유출하겠다는 의지가 담겨 있다.

즉 디자인은 내가 이미 지니고 있는 어떤 것을 밖으로 꺼내는 작업이다. 나만이 갖고 있는 어떤 것을 표현할 때, 그 디자인은 독창적이고 독보적일 수밖에 없다.

'디자인'을 의미하는 고대 그리스어 '스케디오(skhedio)'는 신비롭게 '거의/근접해서'라는 의미를 지닌 '스케돈(skhedon)'에서 유래했다. '설계'를 의미하는 영어 '스킴(scheme)'은 이 단어에서 왔다.

그리스 전통에서 '디자인'은 불완전, 부정형 그리고 미완성을 내포한다. 그러나 완전, 정형 그리고 완성으로 가는 의지를 표명하기도 한다. 그리스인들에게 디자인은 가능성, 완벽을 향한 열정, 기대, 예감과 같은 어떤 것이다.

디자인은

모호하고

만질 수 없고

애매한 것이지만

손으로 만질 수 없고

눈으로 볼 수 없는

미묘한 것을 포착하려는 통찰이며,

그 통찰을 표현하려는 힘이다.

그리스어 '스케돈'의 어원을 더 파고들면 이렇다. 이 단어는 '가지다/소유하다'를 의미하는 동사 '엑소(ekso)'의 미래형인 '헥소(hexo)'에서 파생됐다. 헥소는 문법적으로 미래형이지만 그 의미는 미완료형이다.

다시 말해 내가 과거에 소유하고 있고, 지금도 소유하고, 미래에도 소유할 어떤 것이 디자인이다. 디자인은 거룩한 '나 자신'을 발견하고, 그것을 표현하려는 기술이다. 또한 본연의 나를 모아 '현재의 나'를 통해 실현하려는 합일(合一)의 예술이다.

합일이란 자신감이 없어 자꾸 밖으로만 나가려는 나를 거대한 찬합 뚜껑[스]으로 내 입[口]을 막으려는 수고다. 합일이란 노자가 말한 것처럼 나의 발과 머리를 조합해 나의 갈 길[道]을 갈 때 생기는 거대한 원칙이다. 그래서 노자는 『도덕경』 42장 첫 부분에서 이렇게 말한다. "도생일(道生一)." 목적지를 향해 가는 이 길이 바로 목적지라는 뜻이다.

디자인은 나를 다른 사람으로부터 구별시키는 무엇, 나를 더 나답게 만드는 그 무엇을 찾는 연습이다. 나는 어떤 '사인(sign)'를 갖고 있는가? 나를 나답게 만드는 표식은 무엇인가?

당신의 영혼만큼 평화롭고
방해받지 않는 공간은 없습니다.
그곳에서 당신의 영혼에게 묻고
당신을 기다리는 문제들과 대면하십시오.

마르쿠스 아우렐리우스

고유
固有

■

만물을 움직이는 원동력

개성은 마음속에서
싹을 틔우고 자라나는
나무와 같다.

유일하면서도 거룩한
나의 정체성을 찾기 위해
무엇을 해야 할까?

인생은 여정이다. 여행에 필요한 준비물로는 무엇이 있을까? 숙소나 교통수단 예약, 적절한 의상, 여권, 여행 동료들… 물론 이런 준비도 중요하지만 가장 근본적인 것이 빠졌다. 바로 목적지 설정이다. 출발점, 목적지 그리고 그 과정인 한 걸음 한 걸음이 여정을 만든다.

인생에 있어서 출발점이란 자신의 존재를 가능하게 해준 운명적인 환경이다. 나의 부모, 고향, 환경… 이런 것들은 나를 키워준 육체적인 공간이다. 이 출발점은 목적지로 가기 위한 동기를 마련해주는 기반인 동시에 과감히 벗어나야 할 진부함이기도 하다.

이것은 새끼거북이가 자신의 임시 치아로 깨야 할 알이며, 애벌레가 나비가 되기 위해 인내하며 견뎌야 할 고치다. 우리는 이 공간이 익숙하고 편하기 때문에 좀처럼 탈출하지 않으려 한다.

개성은 마음속에서 싹을 틔우고 자라나는 나무와 같다. 자신이 뿌리를 내린 토양에서 자양분을 얻고, 자기만의 모양으로 줄기와 가지를 낸다. 개성은 그 사람에게 '고유'하다. 유일하면서도 거룩한 나의 정체성을 찾기 위해 무엇을 해야 할까?

인류가 남긴 고전들은 바로 이 문법을 적어놓은 나침반이다. 고전 작가들은 그 길을 은유라는 장치를 통해 서술한다. 은유는 인간이 가진 언어의 부족함 때문에 생겨났다.

지금으로부터 700년 전, 이탈리아 피렌체에 거주하던 정치가 한 명이 있었다. 그의 이름은 단테다. 단테는 변변치 않은 집안에서 태어났다. 그의 아버지는 고리대금업자였다. 단테는 정치가의 꿈을 꾸었지만, 외풍이 그를 전혀 다른 길로 인도했다.

13세기 후반, 피렌체는 교황에게 충성을 맹세하는 겔프당과 황제에게 충성을 맹세하는 기벨당으로 양분되어 있었다. 단테는 겔프당의 일원이었다. 교황파 겔프당은 다시 신흥 상인 세력인 비앙키당(백색)과 전통 귀족 세력인 네리당(흑색)

으로 대립하고 있었다. 단테는 겔프당의 비앙키로 활동하면서 피렌체 정부의 최고 지도자 3인 중 1인이 됐다.

그러나 1301년 네리당원인 프랑스 귀족 출신 샤를 백작이 로마 교황 보니파티우스 8세의 야심을 이용해 피렌체를 침공할 기미가 보이자, 단테는 교황을 설득하기 위해 그해 10월에 피렌체 특사로 로마에 간다. 샤를 백작은 단테가 로마에 체류하던 11월에 피렌체를 침공해 그가 속한 비앙키를 몰아낸다.

1302년 1월, 단테는 권석재판에서 각종 비리혐의로 엄청난 액수의 벌금과 2년간의 유형 선고를 받는다. 네리당은 다시 2개월 후, 그가 벌금을 내지 않았다는 이유로 영구유형을 선고한다. 그가 만일 체포된다면 화형을 당할 것이다. 단테는 이제 영원히 자신의 고향으로 돌아가지 못하는 방랑자가 되고 만다.

하지만 이 유배는 오히려 단테에게 자신만의 별을 찾을 수 있는 캄캄한 밤하늘이 되어주었다. 그는 그 어둠 가운데 누구도 빼앗을 수 없는 자신만의 고유한 임무를 발견했다.

당시 유럽 지식인들은 '이성'을 인생의 등불로 여겼다. 그들은 이성만이 인간의 불행을 풀 수 있는 열쇠라고 생각했다. 그러나 단테는 이성이 아니라 자신의 심연 속에서 발견되는 사사로운 감정인 '사랑'과 그것을 실천하려는 '의지'를 인류의 희망이라고 여겼다.

그는 자신의 고향 방언인 토스카나 이탈리아어로 『신곡』을 썼다. 인간과 인간 사회의 진화를 꿈꾸며 지옥, 연옥 그리고 천국으로 이어지는 대서사시를 노래했다. 『신곡』은 단테의 마음속에 간직된 사랑에 대한 노래이자, 이탈리아라는 국가의 정체성과 언어 그리고 르네상스를 탄생시키는 거룩한 씨앗이 됐다.

단테는 『신곡』을 저술하기에 앞서 자신만의 소중한 감성을 표현하기 위해 시와 산문이 혼용된 새로운 장르의 글을 쓰기도 했다. '비타 누오바(Vita Nuova)', 즉 『신생(新生)』이라는 제목의 책은 42개의 짧은 곡으로 구성되어 있다. 단테는 자신의 마음속을 응시했다. 그리고 그곳에서 흘러나오는 아름다운 선율을 글로 표현했다.

단테는 피렌체에 사는 아름다운 소녀 베아트리체를 보고 스스로에게 놀란다. 단테는 그녀를 통해 자신의 마음속에 은닉된 사랑이라는 감정을 발견한다. 단테가 소녀 베아트리체에게 가졌던 사랑은 그가 『신곡』에서 보여준 영적인 사랑에 대한 굳건한 발판이 된다. 특히 『신생』24곡에 등장하는 구절에서 『신곡』을 저술하려는 단테의 마음을 엿볼 수 있다.

Io mi senti' svegliar dentro a lo core

Un spirito amoroso che dormia:

E poi vidi venir da lungi Amore

Allegro sì, che appena il conoscia,

나는 사랑으로 충만한 영혼이 깨어나는 것을 느꼈습니다.

그것은 잠자고 있던 사랑의 영혼입니다.

그리고 나는 그 사랑이 저 멀리서 오는 것을 보았습니다.

그것을 알아볼 수 있어서 너무 기뻤습니다.

단테의 이 서정적인 시는 감성의 발견이라는 혁명적인 사건이 되어 근대 세계를 탄생시켰다. 이전까지는 선택된 일부 귀족들만이 이성적이고 철학적인 대화를 통해 우주와 세상의 원리를 설명하는 사상을 제시했지만, 단테는 모든 인간의 마음속에 숨어 있는 특별한 감성을 발견했다.

진리는 철학자들의 토론을 통해 산출되는 객관적인 사실이 아니라 인간 마음속에 있는 사적인 감정에서 찾을 수 있다. 단테가 발견한 '사랑'이라는 감정은 '개인'의 탄생이자 르네상스의 원동력이 됐다. 사랑은 인류 혁신의 모체다.

단테가 발견한 사랑이라는 마음속 별은 중세 신학자들이나 철학자들이 찬양하던 철학적인 담론이나 신학적인 교리보다 더 반짝였다. 그 찬란한 광휘는 구태의연한 어두운 과거의 전통 안에 신음하던 인간들을 깊은 잠에서 깨워 일으켰다. 단테의 고유함은 르네상스와 종교개혁을 촉발하는 자극제가 됐다.

'고유(固有)'라는 한자에서 '固'는 자신만의 공간인 '에워쌀 위(囗)'와 '옛 고(古)'가 합성된 단어다. '옛 고'는 대대로 10대에 걸쳐 입으로 전해 내려오는 자신만의 전통으로, '평안하다/진실로/참으로/한결같이'라는 의미다.

나만의 고유가 나를 온전하게 만들고, 나를 만족시킨다. 그것은 놀랍고 생소하고 예상 밖이며, 심지어 상상을 뛰어넘는다. 고유함은 매일 새롭게 발견되는 변화하는 보석이다.

인간은 전체의 일부가 아니라
자신의 독창적인 생각을 지닌 개인이다.

나의 고유함만이

나를 온전하게 만들고 나를 만족시킨다.

한 시간을 감히 낭비하는 자는

인생의 가치를 아직 발견하지 못한 사람이다.

찰스 다윈

중심

中心

■

나
와
세
상
을
잇
는
끈

우주 안에 존재하는 모든 것을 삼켜버리고 소멸시키는 괴물
은 바로 시간이다. 시간은 정의롭다. 시간은 세월로 거짓을
심판한다. 사람들은 시간의 속성인 인내를 이해하지 못하
고, 성급하게 자신의 결백을 주장한다. 그 주장조차 유구한
시간 안에서는 조급함이자 거짓이다.

자신에게 감동적인 삶, 자신에게 행복한 삶이 최선이다. 아
리스토텔레스가 아들에게 보내는 글인 『니코마코스 윤리
학』에서 말한 '유다이모니아(eudaimonia, εὐδαιμονία)'이다.
우리는 흔히 '유다이모니아'라는 그리스 단어를 '행복'으로
번역하지만 이는 시대착오적이다. '행복(happiness)'이라는
단어는 18세기 영국에 공리주의 철학이 등장하면서 생겨난
단어이기 때문이다.

두 발로 땅을 딛고 서서 목적지에 눈을 고정시키고, 한 발
한 발 나아갈 때 나는 행복하다. 그것이 최선이다. 인류의
조상은 350만 년 전에 처음으로 두 발로 걷기 시작했다. 동

아프리카에 거주하던 유인원들 중 일부가 더 이상 나무 위에서 먹을 것을 찾지 못하자 나무 아래로 내려왔다. 그들은 몸무게 30킬로그램에 키가 1미터도 안 되는, 그야말로 표범의 점심거리였다. 그 유인원은 생존을 위해 혁신했다.

혁신은 수선이나 임시방편이 아니다. 혁신은 천지개벽이다. 혁신은 누에고치가 나비가 되는 완벽한 변신 과정이다. 그 유인원은 네 발로 걷다가 두 발로 걷기 시작했다. 이것이 혁신이다. 땅만 보느라 굽은 등을 드디어 수십만 년 만에 곧게 폈다.

이족보행을 하기 시작한 인류의 조상은 보는 것이 달라졌다. 이전에는 발밑에 떨어진 음식을 남보다 먼저 입에 넣으려고 경쟁했다. 그러나 이젠 눈을 들어 저 멀리를 관찰하기 시작했다. 주위를 살피기 위해 눈의 위치가 서서히 얼굴 앞쪽으로 이동했다. 사물과 사람을 깊게 보기 위해서다.

인간은 자연에 깃들어 있는 영적인 존재, 혹은 자신과는 상관없는 신에 의존하지 않았다. 그들은 자신의 마음속에 존재하는 '삶의 안내자'를 찾기 시작했다. 그것이 '중심'이다.

지구가 자전하는 이유는 지구의 중심에 핵이 있기 때문이고, 태양계가 한 치의 오차도 허용하지 않고 수십억 년 동안 작동하는 이유는 그 중심에 태양이 있기 때문이다. 마당에서 사시사철 묵묵히 자신을 변모시키는 소나무가 항상 늠름해 보이는 이유는 그 뿌리가 정확하게 지구의 중심을 향해 있기 때문이다.

고대 바빌로니아인들이 기원전 2600년 전부터 사용하던 최초의 셈족어인 아카드어에 '중심'이라는 단어가 있다. 바로 '립붐(libbum)'이다. 립붐은 '중심'이자 '심장'이다. 이 단어가 기원전 12세기경 팔레스타인에 모여 살기 시작한 고대 이스라엘인들에게 전달됐다.

립붐이라는 아카드어가 히브리어가 되면서 어미 'um'이 생략됐다. '*libb'에서 마지막 자음 b가 떨어져나가고 'lib'이라는 단어에 강세가 붙어 히브리어로 '렙(leb)'이 됐다. 히브리어 '렙'은 신이 보는 인간 마음의 중심이다.

자신에게 감동적인 삶, 행복한 삶, 영원한 평온은 인간의 가슴속 깊은 곳에 자리잡은 신성한 중심(divine center)에만 존재한다. 믿음이란 이 중심의 존재가 있다는 사실을 깨닫고, 그것에 의존하는 것이다. 인간의 유전자가 모두 다른 이유는, 각자에게 어울리는 '나다움'이라는 '다름'이 마음속에 자리하고 있기 때문이다.

기원전 6세기 한 유대인 저자는 인간이 지닌 신적인 모습을 이렇게 표현했다.

> 우리가 인간을 우리의 형상(形狀)을 따라
> 우리의 모양대로 만들자!
>
> — 〈창세기〉 1:26

위의 '형상'과 '모양'이라는 두 단어에서 인간 창조의 의미를 엿볼 수 있다. 히브리어로 형상은 '쩰렘(tzelem)'이고 모양은 '더무쓰(demuth)'다. 쩰램의 심층적인 의미는 같은 어원을 가진 메소포타미아의 아카드어 '짤무(tzalmu)'에서 찾을 수 있다.

아카드어 짤무는 원래 신상(神像)을 뜻하는데, 메소포타미아인들에게 있어서 신상은 곧 신이었다. 메소포타미아인들은 자신들의 신이 형상에 내재해 있다고 믿었다. 따라서 형상이 다른 도시로 이동하면 자신들을 관리하는 신들도 같이 따라 움직인다고 믿었다.

신들은 오로지 신화적인 사고 안에서만 우주와 자연에 내재하며, 실제로는 신상과 동일시됐다. 신은 자신이 만든 인간을 통해 자기 자신을 창조한 것이다. 자신이 만든 인간이라는 작품은 단순한 동상이나 형상이 아니라 바로 자신이었다.

'모양'으로 번역되는 히브리 단어 더무쓰는 그 어원을 추적하기가 어렵다. 더무쓰는 '피'를 의미하는 '담(dam)'이라는 히브리 단어에서 파생된 것 같다. 그것은 어쩌면 인간이라는 작품을 만들기 위해 '붉은색을 띤 진흙'을 사용했기 때문에 '붉은 존재'라고 해석할 수도 있다. '형상'이 인간이 지닌 신적인 속성이라면, '모양'은 인간이 지닌 물질적인 속성을 의미한다.

인간이 지닌 신성한 중심을 회복하려는 '자기신뢰'는 '자만'과는 다르다. 자만은 열등으로 가득한 자신을 주변 사람들에게 어수룩하게 드러내는 것이다. 자만한 자는 이미 무너져버린 사람이다. 왜냐하면 그 중심이 언제든지 변할 수 있는 다른 사람의 마음에 조준되어 있기 때문이다.
그러나 자기중심을 신뢰하는 자는 욕망이라는 파도나 소문이나 남들의 의견이라는 폭풍에 휩쓸리지 않는다. 그는 흔들리지 않는 자기중심에 굳건히 안주하기 때문이다.

내 안에 자리하고 있는 중심 안에서 사는 자는 주변의 환경이나 소란으로부터 자유롭다. 그는 사람들의 환호, 질시, 열망, 주장으로부터 자신을 보호한다.

나는 인생의 문법을 어디에서 찾는가? 나는 내 심장의 소리에 귀를 기울이고, 그 안에서 흘러나오는 소리를 경청할 것이다.

삶은 생계를 위한 노동이 아니라 내 중심의 소명에 부응하는 의무다. 그리고 자신에게 감동적인 것을 선별해 헌신하는 의연함이다.

나는 내 심장의 두근거림을 경청한 적이 있는가? 그것을 내 것이라는 이유로 무시하지는 않았는가? 나의 심장은 나에게 무엇을 요구하고 있는가?

자기중심을
신뢰하는 자는
욕망이라는
파도나
소문이라는
폭풍에
흔들리지
않는다.

그는
흔들리지 않는
자기중심에
굳건히 안주하기
때문이다.

역경을 경험하지 않은 사람은 불행합니다.
왜냐하면 그는 자신의 능력을 증명할 기회를
허락받지 않았기 때문입니다.

세네카

내성
內省

———

나를 보호해주는 요새

독서를 하다 보면 한 단어 혹은 한 문장에 마음이 동요하는 경우가 있다. 나는 종종 그런 문장을 만난다. 최근에는 로마 황제이자 스토아 철학자인 마르쿠스 아우렐리우스의 『명상록』에 나오는 문장이 그랬다.

책을 읽으려는 목마름을 버리십시오. 그래야 당신은 불만에 차 죽지 않을 것입니다. 당신의 마음으로부터 우러나오는 즐겁고 진실한 마음으로 신들에게 감사하십시오.

아우렐리우스는 이 문장을 통해 무엇을 이야기하고 싶었던 것일까? 요즘 나의 유일한 즐거움은 새로운 책들을 구입하고 읽는 것인데, 로마 황제는 나에게 "책을 읽으려는 목마름"을 버리라고 말한다. 심지어 그런 나에게 죽을 때 후회할 것이라고 경고한다. 그는 책을 '그저 많이 읽지' 말고 '잘 읽으라고' 당부한다.

책벌레에게 책은 달콤한 음식이다. 그들은 마치 식도락가가 맛있다고 소문난 음식과 레스토랑을 찾아다니는 것처럼, 자신의 몸에 맞고 어울리는 음식이 아닌 대중이 유혹하는 음식을 먹는 사람과도 같다.

인류는 인간으로서 읽을 만한 책들을 선정해왔다. 시간과 공간을 초월해 삶의 등불이 되고 사회의 규범이 되는 책들이다. 이런 책들이 고전(古典) 혹은 경전(經典)이다. 이 책들은 지난 수천 년 동안 베스트셀러였다. 이런 책들은 읽는 대상이 아니라 묵상의 대상이며, 자신의 삶 속에서 실천해야 할 지침서다.

대부분의 사람들은 아우렐리우스가 예언했듯이, 인생의 마지막 길에서 비통함과 불만으로 가득 찬 자신을 볼 것이다. 혹은 그런 비통함을 느낄 수 없을 정도로 비참할 수도 있다. 그렇다면 나는 무엇을 읽어야 하는가?

『명상록』으로 알려진 이 책의 원래 제목은 그리스어로 '타 에이스 헤아우톤(Ta Eis Heauton, Τὰ εἰς ἑαυτόν)'이다. 번역하면 '그 자신을 위해 당부하고 싶은 것들'이라는 의미다. 아우렐리우스는 하루 종일 로마 제국의 국경을 보존하고 확장하기 위해 독일과 우크라이나 같은 최전선에서 게르만족과 전쟁을 치르고 있었다. 그는 매일, 모두가 잠든 새벽과 밤 시간을 온전히 자신에게 할애했다. 적막한 전쟁터에서 자신에게 부탁하고 싶은 말들을 한 문장 한 문장 적어 내려갔다. 그는 목욕재계를 하고 의복을 정성스럽게 갖춘 뒤 책상에 앉았을 것이다. 그리고 매일 일기를 썼다.

그는 모국어인 라틴어가 아니라 그리스어로 하루의 소회를 적었다. 어렸을 때부터 그리스어로 철학을 배웠으므로 자신의 생각이 그리스어를 통해 가장 잘 표현된다고 믿었다.

아우렐리우스는 자신을 1인칭이 아닌 3인칭으로 두어 현재의 자신과 미래의 자신을 조우시켜 끊임없이 대화했다. 그리스어 원제목의 '헤아우톤(heauton)'은 바로 '그 자신'이라는 의미다.

그에게 3인칭인 '그 자신'은 매일 그를 이끌어주는 '이상적인 삶의 안내자'다. 이 안내자는 끊임없이 그를 유혹하는 외부 침입자들을 막아내는 마음속의 '내성(內城)'이다.

만일

우리가 자기 자신 안에

누구도 침범할 수 없는 내성을 구축한다면,

그 장소보다 더 조용하고 쾌적한 곳은

없을 것이다.

그리고

우리는 그 장소 안에서

평정심이라는

보물을 발견할 것이다.

우리는 아우렐리우스가 말하는 내성 구조를 로마 황제 테오도시우스 2세가 재건축한 콘스탄티노플 성에서 찾을 수 있다. 그는 콘스탄티노플에서 서쪽으로 2킬로미터 떨어진 곳에 새로운 성벽을 건설했다. 이것의 특징은 서로 다른 크기의 두 개의 성벽이라는 점이다. 이 이중 성벽은 성 전체를 둘러싼 도랑인 해자를 따라 이중으로 건축됐다.

내성벽(內城壁)은 두께 5미터, 높이 12미터다. 총 길이는 22.5킬로미터이며, 55미터마다 18~20미터의 육각형 혹은 팔각형의 망루가 96개나 세워져 있다. 내성벽은 콘스탄티노플을 천 년 이상 지탱하게 한 비밀 무기다.

외성벽(外城壁)은 내성벽으로부터 15~20미터 바깥쪽에 건축됐다. 두께 2미터, 높이 8.5미터다. 내성벽과 외성벽 사이에는 그리스어로 '페리볼로스(perivolos)'라는 전략적인 단지가 있다. 만일 적들이 비교적 왜소한 외성벽을 보고 오판해 콘스탄티노플을 침략한다면 이 페리볼로스는 곧 그들의 무덤이 될 터였다.

'에이스(Eis)'라는 그리스어 전치사는 '~안으로 깊숙이 들어 가다'라는 의미다. 그래서 전치사 '에이스' 다음에 오는 명 사는 움직임이 없는 장소를 표시하는 처소격(處所格)이 아니 라 영향을 받는 목적격(目的格)이다.

내성벽은 외성벽보다 크고 두껍고 높다. 내성은 남에게 감 동적인 내가 아니라 나에게 감동적인 나 자신을 보호하는 요새다. 이 요새에는 나의 생각과 말, 글 그리고 행동을 조 절하고 다듬는 '또 다른 나'가 좌정해 있다.

'또 다른 나'는 삶을 인도하는 원칙이다. 아우렐리우스는 이 원칙을 고대 그리스어로 '헤게모니콘(hegemonikon)'이라고 불렀다. 헤게모니콘은 '나의 삶을 장악하는 원칙'이다.

아우렐리우스는 마음속에 존재하는 '그 자신'이라는 내성을 '평정'이라고 부른다. 아우렐리우스는 이 공간을 찾아 매일 저녁, 그날의 버려야 할 감정들을 씻어내고 더 나은 자신으 로 새롭게 태어났다.

아우렐리우스는 매일 저녁 자신에게 무엇을 당부했을까?

이 책의 그리스어 제목의 '타(Ta)'가 그런 의미다. '타'는 그리스어로 '것들'이라는 뜻이다. 아우렐리우스는 매일 저녁 자신의 마음속 깊은 곳에서 자연스럽게 우러나오는 즐거우면서도 진실한 '당부하고 싶은 것들'을 조금씩 발견했다.

아우렐리우스는 나에게 이렇게 말한다.

기억하십시오.
인간은 오로지 지금에만 존재합니다.
금방 사라지는 이 순간입니다.
나머지는 과거이거나 아직 오지 않은 것입니다.
인간의 수명은 짧습니다.

― 〈명상록〉 3.10

나는 미래의 나를 위해
평정심을 유지할 수 있는
마음의 공간을 찾고 있는가?

그곳에서 나에게 전하는 당부의 말에
귀 기울이고 있는가?

나는 그 마음의 글귀를
섬세하게 읽고 있는가?

무위는 정교한 인위다.

배철현

무위

無爲

삶을 장악하는 원칙

몇 년 전부터 내 삶의 원칙은 '안 하기'다. 안 하기 위해서는 나도 모르게 하는 생각과 말, 행동을 관찰할 수 있어야 한다. '안 하기'가 '하기'보다 힘들다.

'하기'는 자동적이다. 아침에 일어나기, 식사하기, 아무 생각 없이 핸드폰을 쥐고 SNS 보기, 남들이 좋다고 하는 것을 좋아하고 따라하기. 우리의 삶은 대부분 '하기'로 이루어진다. 그 하기는 대부분 무의식적이며 습관적이다.

'안 하기'는 의도적이며 의식적이다. 일찍 일어나기 위해서는 늦게 잠자리에 들지 않아야 하고, 요가 수련을 위해서는 불필요한 행동이나 말을 하지 않아야 하고, 내가 성취하고 싶은 삶을 위해서는 그릇된 습관을 버리거나 하지 않아야 한다. '안 하기'는 분명 '하기'보다 힘들다. 그래서 노자는 『도덕경』 3장 말미에서 "위무위 즉무불치(爲無爲 則無不治)"라고 말했나보다. 무위(無爲)는 아무것도 안 하는 상태가 아니다. 그것은 우주의 순환이나 사시사철의 변화와 같이 정교한 원칙의 표현이다.

'안 하기'를 할 때

내가
장악하지 못할 것은 없다.

지구는 정확히 하루에 한 번 스스로 돌고, 일 년에 한 번 태양의 주위를 돈다. 태양계는 거대한 은하수의 일부이며, 내가 속한 은하수는 블랙홀 주위를 2억 광년에 걸쳐 한 번 돌 것이다. 만일 지구가 자전을 12시간 만에 하거나 이틀에 걸쳐서 한다면 지구는 이내 사라지고 말 것이다.

우리가 보기에 움직임이 없어 보이는 지구는 정교한 원칙에 따라 자신의 길을 묵묵히 한 치의 오차도 없이 가고 있다. 그런 상태가 '자연(自然)'이다.

무위는 정교한 인위(人爲)다. 무위는 오랜 연습과 훈련, 시행착오와 수정, 혹독한 자기점검과 자기변화를 거쳐 도달하는 세렌디피티(serendipity)다.

우연한 발견은 필연일 수밖에 없다. 세렌디피티는 자신만의 보물을 찾아 나선 자에게만 주어지는 우연을 가장한 선물이기 때문이다.

자신의 보물을 찾기 위해 애쓰지 않는 자에게는 그런 행운이 찾아 올 리 없다. 그런 행운이 찾아온다 할지라도 그에게는 그릇이 마련되어 있지 않아 금방 사라질 것이다. 그것이 불행이다.

창조는 무위의 실천이다. 기원전 6세기 바빌론으로 끌려간 한 유대인이 묵상 중에 우주 창조 이야기를 기록했다. 그것이 〈창세기〉 1장에 기록되어 있다. 그 무명의 히브리 작가는 '창조'라는 단어를 '바라(bara)'라는 히브리어를 사용해 표현했다.

유사한 의미를 지닌 히브리어 동사 '아사' 혹은 '야짜르'는 각각 '만들다' 혹은 '형성하다'이다. 이 두 단어에는 이미 있는 것을 자신의 의도대로 창작한다는 의미가 있다.
그러나 '바라'라는 단어의 기본적인 의미는 '덜어내다/군더더기를 떼어내다'이다. '처음에 신이 우주를 창조했다'라는 성서의 첫 구절의 의미는 '시간과 공간이 등장하기 전에, 한 존재가 무질서에서 질서를 잡기 위해 쓸데없는 것들을 잘라냈다'라는 의미다. 창조는 '안 하기'다.

유대인들이 '안 하기'로 우주 창조 이야기를 시작했다면, 신에 대한 노래인 〈시편〉도 마찬가지로 '안 하기'를 찬양한다. 〈시편〉 1편은 이렇게 시작한다.

다음과 같은 사람은 매우 행복합니다.
그는 범죄자들과 나쁜 일을 도모하며 함께 걷지 않는 사람입니다.
그는 죄인들이 가는 길에 서 있지 않는 사람입니다.
그는 남을 중상모략하는 자리에 앉지 않는 사람입니다.

〈시편〉을 시작하는 첫 히브리 단어 '아스레이(ashrei)'의 어원은 불분명하다. 흔히 '복 있다/행복하다'라고 번역하지만 아직도 이 단어의 어원은 오리무중이다.

이 단어는 다음에 따라오는 명사인 '사람' 앞에 위치해 이른바 연계—복사형으로 강세 의미가 있어서, '매우 복되다' 혹은 '매우 행복하다' 정도로 번역할 수 있다. 신약성서 〈마태복음〉에 나오는 예수의 산상수훈의 시작인 "복 있는 사람"

도 이 단어와 관련된 아람어였을 것이다.

〈시편〉을 지은 시인은 어떤 사람을 행복하다고 정의했을까?

시인은 인간을 인간답게 만드는 '이족 보행'과 관련한 세 단어를 연속해서 '안 하기'로 표현했다. 첫 단어는 '걷다/행동하다'라는 히브리어 동사 '할락(halak)'이다. 행복한 사람은 공동체의 음해를 도모하는 일에 참여해 그들과 함께 행동하지 않는 사람이다. 한마디로 범죄자들과 어울려 다니지 않는 것이다.

두 번째 단어는 '서 있다'라는 의미의 히브리어 동사 '야마드(yamad)'를 사용했다. 행복한 사람은 도덕적으로 타락한 인간들이 하는 삶의 스타일을 따라 그 안에 서 있지 않는 사람이다.

세 번째 단어는 '앉다/안주하다'라는 의미의 히브리어 동사

'야샤브(yashab)'를 사용했다. 야샤브는 자신의 몸에 배어 스스로 그런 줄도 모르고 지내는 수동적인 삶의 모습이다. 행복한 사람은 자신이 모르는, 만나본 적도 없는 사람을 중상모략하고 시기하는 자리에 앉아 남을 헐뜯는 데 시간을 보내지 않는 사람이다.

나는 오늘 어울리지 말아야 할 사람과 함께 서 있지는 않은가? 나는 오늘 남의 불행을 즐거워하는 자리에 함께 안주하고 있지는 않은가?

나는 오늘 내가 가야 할 길을 향해 묵묵히 걷고 있는가?

인간의 행동과 자세에는 품위가 있어야 합니다.
품위는 고상한 취미, 친절함, 균형감
그리고 조화입니다.

파울로 코엘료

안정장치
安定裝置

나만의 '패'는 무엇인가

새벽 묵상을 마친 후, 여느 때처럼 나의 인생 동반자인 샤갈
과 벨라와 함께 동네 한 바퀴를 뛰었다. 샤갈과 벨라는 6년
전 내 삶에 들어와 나를 인내로 지켜보고, 언제나 응원해주
는 진돗개들이다. 내가 방석 위에 좌정한 채 묵상하고 있으
면, 자기들도 내 옆에서 가만히 좌정한다. 그러고는 숨소리
하나 내지 않고 함께 묵상한다.

호모 사피엔스가 다른 유인원들과 경쟁에서 살아남고 만물
의 영장이 된 이유는 바로 야생 늑대를 친구로 만나 사육해
인류 여정의 동행자로 삼았기 때문이다. 개와의 동행은 인
간이 문명과 문화를 구축하는 데 발판이 됐다. 이들은 나를
문명인으로 만들기 위해 묵상과 달리기로 훈련시킨다.

이들은 나의 게으름을 꾸짖는 스승이다. 전날 늦게 잠들어
피곤하거나 날씨가 궂어 달리기를 주저하고 있으면 내 마음
을 어떻게 아는지 이들이 바로 반응한다. 내가 앉아만 있고
달리기를 하지 않았다면 나는 건강하지 않았을 테고, 새벽 묵

상을 지속하지 못했을 것이며, 글도 오래 쓰지 못했을 것이다. 이들은 매일 아침 나에게 조용히 반복의 중요성을 가르친다. 이제 달리기는 나의 종교가 됐다. 종교는 나를 어제의 나보다 더 나은 존재로 매일 훈련시켜주는 격려이기 때문이다.

오늘은 2019년 2월 4일 설날이다. 그리고 공휴일이다. 우리는 일 년에 두 번의 새해 첫날을 맞이한다. 하루는 양력 1월 1일이고, 다른 하루는 음력 1월 1일인 설날이다. 매년 맞이하는 음력 설날은 나에게 두 번째 기회다. 가만히 눈을 감으니 설날이 나에게 묻는다.

"양력 1월 1일은 당신에게 특별한 날이었다. 그날은 당신의 과거를 유기하고 새로운 당신으로 태어나기를 바라는 희망이었다. 그러나 한 달이 지나도 전혀 변할 가능성이 없는 당신을 위해 두 번째 기회를 선물하고 싶다. 2월 4일, 음력 설날이 진짜 시작이다. 당신은 이제 밤하늘의 달처럼 의연하게 혁신하겠는가?"

오늘이 설날인 이유는 내가 하던 일을 멈추고[止], 나의 미래를 위한 한 가지 원칙[一]으로 새로운 시작을 경주하는 출발점이기 때문이다. 내가 이 새해 첫날, 내 삶을 위해 선택해야 할 한 가지 원칙은 무엇인가?

내가 탄 나룻배는 작은 외부 충격에도 출렁거린다. 수상스키어들이 만들어낸 잔잔한 파도에도 이 작은 배는 어쩔 줄을 모른다. 그러나 함선은 언덕만 한 파도에도 흔들리지 않고 견디어 자신이 가야 할 항로를 유연하고 거침없이 항해한다.

왜 함선은 이리저리 흔들리지 않을까? 함선이 나룻배보다 커서일까? 그 이유는 크기가 아니라 함선이 장착한 특별한 장치 때문이다. 바로 '안정장치(安定裝置)'다. 이 장치는 자동차와 비행기에도 장착되어 안정된 운행을 보장한다.

인생이라는 항해에는 화창한 날도 있고, 궂은 날도 있다. 인생을 위기로 몰아넣을 수 있는 폭풍우는 인간의 인종, 학력, 성별, 빈부, 지위와 상관없이 누구에게나 엄습한다.

어떤 인간도

인생의 항해에서 맞닥뜨리는 폭풍우를

근사하고 우아하게 처리할 수 있는 기술을

지니고 태어나지 않는다.

우리는 인생을 조절할 수 없다.

그러나 인생의 위기에 대한 반응은

조절할 수 있다.

어떤 인간도 인생의 항해에서 맞닥뜨리는 폭풍우를 근사하고 우아하게 처리할 수 있는 기술을 지니고 태어나지 않는다. 인간은 그런 위기에 대한 반응을 배우고 익혀야 한다. 그런 반응은 어디서 배워야 할까? 그런 멘토는 어디에 존재할까? 철학자나 종교 지도자들을 찾기라도 해야 할까?

기원후 2세기, 소아시아에서 태어난 스토아 철학자 에픽테토스는 일상에서의 사건들을 '판타지아(phantasia)'라고 명명한다. 판타지아는 우리의 감정을 현혹하는 허상들이다. 인간은 대개 판타지아와 마주치면 당황해 어쩔 줄을 모른다. 우리 대부분은 이 판타지아에 무의식적으로 매료되어 헤어나오지 못한다.

에픽테토스는 인간의 운명은 판타지아와 마주쳐 그것에 동의할 것인가 혹은 무시할 것인가를 결정하는 마음, 즉 의지에 달려 있다고 주장한다.
에픽테토스는 '의지'를 아리스토텔레스가 『니코마코스

윤리학』에서 처음 사용한 그리스 단어 '프로하이레시스 (prohairesis, προαίρεσις)'라고 명명한다. 그는 『담화록』 (I.18.21)에서 이렇게 말한다.

누가 난공불락인가?
자신의 의지와 상관없는 것에 방해받지 않는 사람이다.

우리에게 설날은 또 다른 시작이다. 나는 앞으로 불가피하게 몰려올 수밖에 없는 인생이라는 파도와 판타지아를 어떻게 제어할 것인가? 나는 인생이라는 항해를 위해 나만의 안정장치를 장착했는가? 나는 주변의 판타지아와 상관없는 난공불락의 의지, 즉 나만의 프로하이레시스를 내 마음속에 장착하고 있는가?

3부

포부
抱負

나에게
건네는
간절한 부탁

시간은 모든 것을 가르칩니다.

아이스킬로스

대오

大悟

▅▅▅

나의 세계가 불완전함을 깨닫는 것

인간은 다른 동물과 달리 자신의 육체적, 지적 그리고 영적인 한계를 인식하기에 특별하다. 그 한계를 확장하기 위한 정교한 체계가 교육이다.

교육은 앎에 대한 호기심, 앎을 확장하기 위한 수련, 앎을 통해 자신의 무지를 인정하는 겸손으로 구성된다. 앎은 자신이 알고 있는 세계가 불완전하고 불충분하다는 깨달음에서 출발한다. 인간의 지식은 우연히 자신에게 주어진 경험을 통해 만들어낸 편견이며 왜곡일 수밖에 없다.

나는 태생적으로 흑인들의 입장에서 인종 문제를 볼 수 없고, 시리아인들의 입장에서 난민 문제를 이해할 수 없으며, 무슬림 입장에서 십자군 전쟁을 해석할 수 없다. 또한 여성의 입장에서 성차별을 이해할 수 없고, 어린아이의 입장에서 행복을 상상할 수 없으며, 동물의 입장에서 자연을 바라볼 수 없다.

교육은 '자아(自我)'라는 무식에서 탈출하려는 시도다. 교육은 자아를 '무아(無我)로' 이동시켜 상대방의 입장에서, 원수의 입장에서, 동물의 입장에서, 산과 강의 입장에서 자신을 바라보는 연습이다.

우리는 이 연습을 통해 상대방의 입장에서 나를 보려는 시도, 세상을 관찰하려는 마음, 즉 '컴패션(compassion)'을 몸에 체득한다.

교육은 인간을 인간답게 만드는 유일한 훈련이다. 배우면 배울수록 생기는 확신이자 고백이 있다. 이는 소크라테스가 이미 말한 바 있다.

내가 확실하게 알고 있는 사실은,
내가 아무것도 모른다는 사실이다.

그것은 자신의 '무지 고백'이다. 나는 배우면 배울수록, 자연을 관찰하면 관찰할수록, 인간을 만나면 만날수록 더 알지 못한다. 내가 다가가면 갈수록, 그 대상이 지닌 무한한 세계를 발견하기 때문이다.

앎은 자신이 알고 있는 세계가
불완전하고
불충분하다는

깨달음에서 출발한다.

나는 주말이면 등산을 한다. 가끔 '하늘의 왕자'가 느닷없이 등장해 곡예 비행을 하다가 이내 사라진다. 긴 날개를 펴고 저 높은 하늘에서 내려와 울창한 나무숲 사이에서 완벽한 비행을 하는 참매다. 아, 저 참매는 어떻게 저렇게 우아하게 날 수 있는가? 알에서 깨어나 어떻게 저렇게 왕성한 보라매로 성장할 수 있는가?

참매는 나뭇가지로 가득한 숲속을 깃털 하나 부딪치지 않고 자유자재로 비행한다. 어떻게 8킬로미터나 떨어진 곳에 있는 먹이의 움직임을 그 작은 눈으로 관찰할 수 있을까? 먹잇감을 발견하면 참매는 쏜살같이 날아가 시속 300킬로미터 이상의 속도로 하강해 한순간에 강력한 발톱으로 그것을 제압한다. 도저히 이해할 수 없는 신비한 광경이다.

기원전 6세기, 유대인들의 전통적인 신앙 체계가 무너졌다. 그들은 자신들은 선민이며, 다윗 왕가와 예루살렘은 지상의 어떤 세력도 무너뜨리지 못할 것이라고 믿었다. 다윗 왕가는 신이 기름을 부어 선택한 '메시아'이며, 예루살렘은 신이 거주하는 거룩한 산인 '시온'이었다.

바빌로니아 제국의 침공으로 예루살렘은 파괴되고 유대인들은 포로로 잡혀갔다. 다윗 왕가는 영원하며 예루살렘은 난공불락이라고 믿었던 유대인들은, 역사와 세상을 이해할 수 있는 새로운 틀을 모색했다. 그들은 전통적인 신앙을 새로운 신앙관으로 교체했다. 바로 〈욥기〉에 등장하는 세계관이다.

신은 자신이 선택한 자를 보호하기보다 오히려 더욱 호되게 시험한다. 신은 혹독한 시험 과정을 통해 자신이 선택한 자를 더 위대한 인간으로 훈련시킨다.

욥은 신의 시험으로 한순간에 자신의 모든 재산을 잃는다. 열 명의 자녀도 한꺼번에 사망하는 불행을 겪는다. 신은 심지어 욥의 온몸을 몹쓸 피부병에 걸리게 만들어, 그를 인생에서 가장 비참한 인간으로 전락시킨다.

전통적인 신앙을 지닌 욥의 친구들은 욥을 보고 깊은 슬픔에 빠진다. 그들은 욥이 이런 어려움을 당한 이유가 신을 잘

섬기지 못했기 때문이라고 단정하고 욥을 정죄한다. 그들은 욥에게 신이 그에게 형벌을 준 이유를 곰곰이 생각해내라고 요구한다.

욥은 아무리 생각해도 자신의 잘못을 생각해낼 수가 없다. 욥은 신도 인정하는 동방 최고의 의인이었다. 완벽한 인간을 의미하는 히브리어 표현이 있다. '탐 워-야샤르(tam wa-yashar)'는 '온전하고 정직한'이라는 의미다. 욥은 타인뿐만 아니라 스스로에게 정직한, 완벽한 인간이었다.

욥과 욥의 친구들은 서로 논쟁했다. 욥의 친구들은 신이 무고한 자를 시험하고 형벌을 가할 리가 없다고 주장했다. 욥이 자신이 끔찍한 시험을 당하고 있는 이유에 대해 고민하고 있을 때였다. 신이 폭풍우 가운데 등장해 욥에게 이렇게 묻는다.

네가 누구이기에, 무지하고 헛된 말로 내 지혜를 의심하느냐? 이제 허리를 동이고 대장부답게 일어서서, 묻는 말에

진리는 ──────
겸손한 사람에게 다가와
조금씩
자신의 모습을 보여주는
────── 친구다.

대답해보아라. 내가 땅의 기초를 놓을 때에, 네가 거기에 있기라도 하였느냐? 네가 그처럼 많이 알면, 내 물음에 대답해보아라.

— 〈욥기〉 38:2-4

욥은 자신이 우주에 관해 아는 것이 하나도 없다는 사실을 인정할 수밖에 없다. 자신이 두 눈으로 확인한 세계는 연유를 알 수 없는 신비로 가득 차 있었다.

욥은 자신이 알고 있는 세계가 전부인 줄 알고 친구들과 토론했던 자신의 무지를 깨닫는다. 그는 손으로 조용히 입을 막는다. 아는 것도 없으면서 너무 많은 말을 해왔기 때문이다. 그리고 이제는 세상을 관찰하겠다고 고백한다.

욥의 고백은 천체물리학이 최근 발견한 암흑물질(dark matter)의 발견과 같다. 미국의 천문학자 베라 루빈(Vera Rubin)은 은하 별들의 회전 속도가 불규칙하다는 사실을 발견하고, 우주를 구성하는 대부분은 별이 아니라 별과 별 사이에 존재하는 '알 수 없는 물질'인 '암흑물질'로 구성되어 있다는 사실을 증명했다.

우주는 23퍼센트의 암흑물질과 73퍼센트의 알 수 없는 암흑에너지(dark energy), 그리고 4퍼센트의 성간먼지(interstellar dust)로 이루어져 있다. 우리가 지구에서 관찰하는 하늘의 별들은 우주 전체의 일부분에 지나지 않는다.

최근 과학자들은 소크라테스의 깨달음처럼, 인간이 아는 것은 아무것도 없다는 사실을 증명하고 있다. 이는 무한한 우주를 대상으로 하기 때문에 항상 유한을 발견하는 인간의 솔직한 고백이다.

우리는 금방 사라져갈 이론과 교리를 만든다. 자신의 협소한 환경에서 만들어낸 세계관을 보편적인 진리라고 주장한다. 진리는 무한한 우주처럼 말로 담을 수 없고, 글로 표현되기를 거절하는 원칙이다. 그것은 인간의 지식을 초월한 세계다. 진리는 겸손한 사람에게 다가와 조금씩 자신의 모습을 보여주는 친구다.

대오(大悟)는 우주라는 무한한 공간에서 자신의 위치를 확인하는 수고다. 그리고 자신이 관찰하는 대상에서 오묘한 질서를 찾으려는 겸손이다. 나는 아는가, 모르는가? 나는 내가 아는 것이 아무것도 없다는 사실을 인식하고 있는가?

인생의 의미는 당신의 재능을 발견하는 것입니다.
인생의 목적은 재능을 나누는 것입니다.

셰익스피어

자발
自發

———

개성은 즉흥적이며 자발적이다

몇 달 전, 나는 새로운 조깅 코스를 발견했다. 새로 포장된 길과 함께 흐르는 강물을 따라가다 보면 커다란 철문이 나온다.

나의 반려견 샤갈과 벨라는 그 철문을 지나 한 번도 가보지 않은 길로 들어섰다. 그 문을 지나자 왼편으로 굽이친 강의 지류가 흘러 들어온다. 200미터 정도 구불구불한 비포장 길을 따라가면 또 다른 철문이 나온다. 우리는 그 문을 통과했다. 그러자 새로운 땅이 등장했다.

그것은 신이 우주를 창조하고 처음 만들었다는 에덴동산과 같고, 단테가 지옥문을 들어서기 전에 가보았던 엘리시움(Elysium)과 같은 신비한 공간이었다.

왼편으로는 낮은 산이 울창한 숲을 이루며 길게 늘어서 있고, 그 아래는 고요한 강물이 흐른다. 족히 500미터는 될 법한 긴 평원 끝에는 근경, 중경 그리고 원경을 자랑하는 산들이 안개 속에서 의연하게 자신들의 위용을 자랑한다.

반려견들과 함께 올림픽 스타디움 같은 푸른 평원을 산책하는 일은 신의 축복인 것만 같다. 옆에 펼쳐진 논밭 위에는 생전 보지 못한 새들이 노래를 하고, 하얀 고니와 황새들이 날아오르며 우리의 달리기를 응원한다.

나는 샤갈과 벨라와 함께 이 주위를 두 바퀴 돌고, 커다란 소나무 아래에서 숨을 고르며 좌정하는 것을 매일 아침 의례로 정했다.

그날 아침도 여느 때처럼 왼손으로 두 개의 개줄을 잡고 샤갈과 벨라와 발을 맞춰 뛰었다. 우리는 제법 빠른 속도를 내며 뛰고 있었다.

이곳 논을 경작하는 농부는 논에 물을 대고 벼 모종을 일직선으로 심어놓았다. 우리가 그 옆을 지나는 순간, 모종 사이에서 쉬고 있던 어미오리와 새끼오리 다섯 마리가 화들짝 놀라 퍼덕거렸다. 순간적으로 일어난 일이지만 느린 화면으로 기억되는 충격적인 일이었다.

사냥개의 본능이 발동한 샤갈과 벨라는 순식간에 몸을 틀어 논으로 뛰어들 참이었다. 이들이 논 쪽으로 몸을 틀어 나를 끌어당기는 순간 눈앞에서 믿을 수 없는 일이 벌어졌다.

그 찰나의 순간에 어미오리는 날개를 크게 펼쳐 첨벙거리며 우리가 달리는 방향으로 함께 달리듯 쏜살같이 헤엄쳤다. 동시에 새끼오리 다섯 마리는 어미를 따라가지 않고 우리가 달리는 방향의 반대쪽으로 온힘을 다해 헤엄쳐 도망갔다.

어미오리는 도중에 하늘로 날아오를 만도 한데 그러지 않았다. 샤갈과 벨라의 관심을 유도하기 위해 50미터나 되는 논두렁에서 더 크게 날개를 펴고, 더 세게 물을 첨벙거리며 헤엄쳤다.

나는 샤갈과 벨라를 이끌고 근처 소나무 아래로 돌아와 어미오리와 다섯 마리의 새끼오리를 바라보았다. 내가 본 이 광경은 무엇인가? 나는 지금 무엇을 보았는가?

어미오리는 새끼오리를 보호하기 위해 스스로 희생을 감행한 것이다. 우리가 그들의 곁으로 다가간 순간 어미오리는 새끼들에게 이런 신호를 보냈다. "내가 저들을 유인할 테니, 너희들은 그 반대 길로 도망가거라!"

어미의 희생적인 행위는 즉흥적이며 자발적이다. 어미는 생각 끝에 그런 행위를 하겠노라 결심한 것이 아니다. 급박한 상황에 처하자 자연스럽게 나온 행위다. 이런 자발적인 행위가 그들이 멸종하지 않고 생존하는 이유다.

인간은 가족과 친족을 넘어 자신과 전혀 다른 세계관을 지닌 사람들과 함께 사는 공동체인 도시를 만들고, 문화와 문명을 향유한다. 도시라는 상징은 다름을 포용할 뿐만 아니라 다름을 소중하게 여기고, 인정하고, 기뻐할 수 있는 마음이다. 그러나 최첨단 무기를 장착한 현대인들은 문명 이전의 야만인들보다 더 잔인하고 폭력적이다.

인간은 호모 사피엔스가 아니라 호모 이그노란스(Homo Ignorans), 즉 '무지한 인간'이다. 과학이 발전하면 할수록 그만큼 더 모르는 세계를 발견할 테니 말이다.

유발 하라리(Yuval Noah Harari)의 주장대로라면, 인간은 과

인간은 호모 사피엔스가
아니라
호모 이그노란스,
'무지한 인간'이다.

과학이
발전하면 할수록
그만큼 더 모르는 세계를
발견할 테니 말이다.

학기술 혁명으로 스스로를 신의 위치에 올려놓은 호모 데우스(Homo Deus)다. 인간이 호모 디비나(Homo Divina), 즉 '신적인 인간'이 될 수 있는 이유가 있다. 인간만이 자비를 자발적으로 발휘한다. 교육은 체계적인 공부를 통해 자비를 발견하고 발휘하려는 수고다.

현대 과학은 '길가메시 프로젝트'로 불멸을 추구한다. 영생이란 영원히 사는 것이 아니라 순간을 영원으로 살 수 있는 기술이다. 몇 년 전에 저술한 『인간의 위대한 여정』에서 나는, 빅뱅에서부터 농업혁명 전까지 인간이 생존할 수 있었던 비결을 '이타심'이라고 기술했다. 이타심은 동물적인 인간을 신적인 인간으로 개조할 것이다.

그날 아침에 만난 스승, 어미오리가 나에게 묻는다.
"당신은 희생을 생색내고 있지는 않은가? 인간으로서 다른 인간을 위해 즉흥적으로 희생을 감수할 수 있는가? 당신은 그런 행위를 자발적으로 실행할 수 있는가?"

저는 재능을 갖고 최선을 다한 사람으로

기억되고 싶습니다.

조앤 롤링

재능
才能

■■■■

영혼을 다스리는 능력

나는 열망을 품고 매일 조금씩 전진한다. 나는 내가 되고 싶은 인간이 되려는 과정의 수련생이다. 그리스 철학자 플라톤은 우주 창조 이야기를 풀어낸 『티마이오스』에서 우주 구성 과정을 세 가지로 구분해 설명했다.

하나는 이상적인 목적을 '존재(being)'로, 다른 하나는 그것이 되는 과정인 '생성(becoming)'으로 구분했다. 그리고 이 생성이 이루어지는 장소를 '수용체(受容體)'라고 했다. 수용체는 삼라만상을 모두 담는 광대한 그릇이다.

플라톤은 이 신비한 공간을 고대 그리스어로 '코라(chora)'라고 불렀다. 코라는 질서와 무질서가 대결하고 화합하는 장소이자 시간이다. '오늘'은 나에게 코라다.

'오늘'은 내가 열망하는 것을 나의 '재능'으로 만드는 공작실이다. 인간에게는 저마다의 재능이 존재한다. 재능은 그 사람의 지문처럼 독특하고 유별나다. 어떤 이는 그 재능을 발견해 유유자적하며 자족하는 삶을 산다. 그러나 재능을 발견하지 못하는 사람은 남의 재능을 부러워하거나 시기하다가 인생을 마친다.

재능은 사적이며 독창적이어서 각기 다를 수밖에 없다. 만일 나의 재능이 내 친구나 경쟁자의 재능과 유사하다면, 그것은 거짓이다. 우리 각자가 지닌 재능은 인간 존재의 핵심이다. 유대교는 이 존재를 '신의 형상(imago dei)'이라고 불렀고, 그리스도교는 이것을 '거룩한 영혼'이라고 명명했다. 그것을 발견하는 사건이 깨달음이다.

묵상이란 자신 안에 숨겨진 신적인 불꽃, 즉 재능을 발견하기 위한 응시다. 응시는 자기절제이며, 나 자신을 이해하고 존중하기 위한 연습이다. 응시는 내 삶을 장악하는 나의 동기, 편견, 행동을 나의 이상과 견주고, 그것들을 침착하고 냉정한 눈으로 보고자하는 분투다. 이때 나는 나 자신을 삶을 지배하는 지혜로운 왕으로 만들기도 하고, 삶이 곧 지옥인 독재자로 만들기도 할 것이다.

평정심을 발휘하지 않는
하루는 ─────────

───── 부초와도 같다.

로마 시대 스토아 철학자 세네카는 인생 말년에 자신의 삶을 돌아보며 시칠리아 지방 장관인 루킬리우스에게 124통의 편지를 보낸다. 세네카는 마지막 편지인 124번째 편지에서 라틴어로 인간의 양면성을 이렇게 표현했다.

animus noster modo rex est, modo tyrannus.

Rex, cum honesta intuetur,

salutem commissi sibi corporis curat,

et illi nihil imperat turpe, nihil sordidum.

Ubi vero inpotens, cupidus, delicatus est,

transit in nomen detestabile ac dirum et fit tyrannus.

우리의 영혼은 어떨 때는 왕이고 어떨 때는 폭군입니다.

왕은 명예로운 것들을 보살펴,

자신의 육체에 주어진 안녕을 다스립니다.

그는 부끄러운 것이나 더러운 것을 명령하지 않습니다.

그러나 그가 자신을 제어하지 못하고,

탐욕스럽고, 사치스럽다면,

그는 혐오스럽고 끔찍한 폭군이 됩니다.

– 「루킬리우스에게 보낸 도덕편지

(*Epistulae Morales ad Lucilium*)」 124.24.

나에게 명예로운 것은 무엇인가? 내 삶에 안녕을 선사하는 것은 무엇인가? 재능이란 자신의 영혼을 다스릴 수 있는 능력이다. 내가 그 재능을 무시하거나 방치한다면, 그것은 자신뿐만 아니라 내가 속한 공동체에 해가 될 것이다. 재능은 누가 만들어주는 것이 아니라 나의 터전에서 내가 뿌리내리고 싹을 틔워 가꿔야 하는 꽃이다.

나는 내 삶의 지혜로운 왕이 될 것인가?

아니면 내 삶을 망치는 폭군이 될 것인가?

행복과 의무는 하나입니다.

조지 워싱턴

의무

義務

■

해
야
할
일
을
아
는
지
혜

매일 아침, 조깅을 마치고 집에 돌아오면 청소를 한다. 공부방과 책상에 흩어진 책들을 정리하고, 집안 바닥을 깨끗이 닦는다. 나는 먼저 책상 위의 책들을 원래 있어야 할 책장으로 돌려보낸다. 만년필, 안경, 모래시계 그리고 독서대도 자신들이 마땅히 있어야 할 자리로 되돌려놓는다.

창조적인 하루는 알게 모르게 쌓인 먼지와 같은 잡념들을 제거해야 발동이 걸린다. 창조는 무엇을 더하는 것이 아니라 쓸데없는 것을 덜어내는 과정이다.

'사람으로서 마땅히 완수해야 할 일'이라는 의미를 지닌 '의무'라는 단어는 다소 억압적인 느낌이 든다. 그러나 한자 '義務(의무)'를 보면 이 단어가 품고 있는 핵심을 엿볼 수 있다. 의무는 자발적이며 긍정적인 삶을 위한 원동력이다.

의무의 첫 번째 한자인 '옳을 의(義)'는 고대 중국에서 신에게 바치는 희생 제물인 '양(羊)'과 '나'를 뜻하는 '아(我)'로 구성되어 있다. 옳음은 자기확신이다. 나 스스로 희생양이 되어 제단 위로 올라갈 만큼의 결연한 의지다.

또한 손[手]으로 창[戈]을 들어 쓸데없는 것을 자르는 행위
다. 누군가로부터 종용받거나 강요된 일이 아니다. 그런 일
에는 신명이 없다. 강요의 결과는 구태의연함과 진부뿐이
다. 거룩한 임무를 위해 자신의 삶에서 부러움, 흉내, 남들
과의 경쟁, 욕심 등을 쳐내는 과감함이다.

의무의 두 번째 한자인 '힘쓸 무(務)'에는 창[矛]을 들고 힘껏
[力] 내리치는[攵] 간절함이 깃들어 있다. 의무는 자신이 세
운 임무를 완수하기 위해 스스로 희생양이 되어 기꺼이 행
동으로 보여주는 거룩한 행위다. 여느 사람에게 의무가 부
재한 이유는 자신에게 간절하고 숭고한 일을 스스로 찾아내
지 못했기 때문이다.

기원전 1세기 로마 시대 정치가이자 사상가였던 키케로는
공화정이 무너지고 제정이 시작되는 혼란기를 살았던 인물
이다. 그의 사상은 후에 등장하는 서양 문명, 특히 국가의
개념과 탄생에 지대한 영향을 끼쳤다.

62세가 된 그는 인생의 마지막을 감지하고 있었다. 그는 일생 동안 로마 공화국 정신을 옹호했다. 그러나 공화정을 폐지하고 제정을 견고하게 구축하려는 줄리어스 시저를 암살했음에도 불구하고, 그의 공화국 이상은 물거품이 됐다. 그는 『의무에 관하여』라는 책을 쓴 뒤 암살되었고, 그의 머리는 로마 광장에 전시됐다.

키케로가 의무에 관한 글을 쓴 시기는 역사의 전환점이었다. 기원전 44년 10월에서 11월까지 4주 만에 쓴 『의무에 관하여』는 세 권으로 이루어진 에세이다. 키케로는 아테네에서 철학을 공부하고 있는 아들에게 보내는 편지 형식으로 이 책을 썼다. 이 책은 다른 작품보다 일화가 많고 스스럼없이 자유로운 형식으로 기술되어 있다.

키케로는 죽음을 맞이할 자신의 운명을 예견이라도 한 것처럼 마치 아들에게 유언이라도 하듯 최선의 삶이 무엇인지, 최선의 행동이 무엇인지, 그리고 도덕적 의무가 무엇인지에 대해 이야기한다.

'의무에 관하여(De Officiis)'에서 사용된 '의무'라는 뜻의 라틴어 '오피키움(officium)'은, 자신이 속한 공동체에서 자신에게 알맞은 인간의 고유한 임무를 의미한다. 키케로는 아들에게 어떤 일을 수행하기 전에 다음 세 가지를 숙고하라고 충고한다.

첫째, 그 일이 명예스러운가? 둘째, 그 일이 유익한가? 셋째, 명예와 유익이 상충할 경우, 어느 것을 택해야 할 것인가?

키케로는 "의무를 준수하는 것이 삶의 명예이고, 그것을 무시하는 것이 수치"라고 말한다. 키케로에게 있어서 인간의 탁월함이란 자신이 속한 공동체를 위한 헌신으로 드러날 때 비로소 완성되는 가치였다. 키케로는 『의무에 관하여』에서 그에 대해 이렇게 이야기한다.

non nobis solum nati sumus ortusque nostri partem patria vindicat, partem amici, atque.

우리는 우리 자신만을 위해 태어난 것이 아닙니다. 우리

의 일부는 조국의 소유이고, 다른 일부는 친구들의 소유입
니다.

오늘 내가 완수해야 할 임무는 무엇인가? 내가 속한 공동체
를 위한 나의 고유한 의무는 무엇인가? 나는 그 의무를 위
해 어떤 노력을 하고 있는가?

의무는
자발적이며 긍정적인 삶을 위한
원동력이다.

나는 나만이 할 수 있는 그 일을
경건하게 여기고 있는가?

장애물이 길입니다.

마르크스 아우렐리우스

위험

危險

███

나를 겸손하게 하는 무언의 신호

나는 주말이면 집 근처에 있는 유명산에 오른다. 일주일을 정리하고 새로운 한 주를 기획하는 묵상의 시간으로는 등산이 제격이다.

유명산은 해발 864미터로, 나의 걸음으로는 족히 4시간이 걸린다. 특히 계곡으로 하산하는 길은 바위와 돌이 많아 한 걸음 한 걸음 정성스럽게 내디뎌야 한다. 등산은 나의 육체의 한계를 적나라하게 보여줄 뿐만 아니라 언제나 나를 겸손하게 만든다.

산은 신비한 장소다. 이곳도 아니고 저곳도 아닌 경계다. 산은 땅이면서 하늘이고 하늘이면서 땅이다. 땅과 하늘의 경계에 절묘하게 위치한 성스러운 타부(taboo)다. 산은 자신을 자세히 보여주지 않는다. 우리는 멀리서나마 산의 전체를 어렴풋이 느낄 수 있다.

우리가 산에 가까이 갈수록 산은 자신의 온 모습을 감추고 자신의 지극히 일부인 나무, 바위, 시냇물 그리고 가끔씩 등장하는 새와 동물들을 보여준다.

산을 온전히 보기 위해서는 애써 정상에 올라가야 한다. 정상은 산을 위해 헌신하는 사람들에게만 허용되는 천국이다. 그러나 정작 정상에서도 자신의 등과 허리를 보여줄 뿐, 전체를 보여주지는 않는다.

산에 오르기 위해서는 여러 가지를 준비해야 한다. 오랜 등산 훈련을 통한 체력과 정신력, 등산하기에 적합한 옷과 장비도 필요하다.

그러나 성공적인 등산은 기후가 결정한다. 폭우나 폭설이 내리면 산에 오를 수 없다. 혹은 밤이 되어도 입산 금지다. 기후는 등산하는 자의 노력으로 획득되지 않는다. 산악인들은 언제나 산 앞에서 겸손하다.

인류 최초의 문자를 만든 고대 수메르(현재 이라크 남부지역)인들은 우주를 다음과 같이 세 개로 구분했다. 인간이 거주하는 장소인 땅(수메르어로 '키(KI)'), 신이 거주하는 장소인 하늘(수메르어로 '안(AN)'), 그 중간의 무시무시한 장소인 산(수메르어로 '쿠르(KUR)')이다.

쿠르는 '산'인 동시에 '사후 세계'라는 의미다. 순간을 살다 이내 사라지는 인생을 안타깝게 여긴 소수의 인간들은 등산을 통해 사후 세계를 미리 경험한다.

길가메시가 영웅이 되기 위해 반드시 거쳐야 했던 장소가 바로 산이다. 인간은 자신의 생명을 담보로 험준한 산을 등반하며 죽음의 시점에서 현재의 자신을 바라보는 혜안을 얻는다. 이 혜안은 순간의 삶을 영원의 삶으로 만드는 인생의 문법이다.

고대 이스라엘의 영웅 모세는 왕족으로 태어났으나 허송세월하던 인간이었다. 그러다가 자신의 동족인 히브리인을 구타하는 이집트인을 충동적으로 살해하고, 광야로 도망친다. 이후 모세는 광야에서 양을 치며 40년이라는 세월을 보낸다.

그러던 어느 날 그는 멀리서만 바라보던 높은 산, 호렙 산에 오르기로 결심한다. 호렙 산은 어떤 인간도 발을 들여 놓은 적이 없는 에베레스트와 같은 높은 산이다.

〈출애굽기〉는 호렙 산을 히브리어로 '하르 엘로힘(har elohim)'이라고 불렀다. 하르 엘로힘을 직역하면 '신이 계신 산'이라는 의미다. '신'이라는 의미를 지닌 '엘로힘'은 다른 명사를 수식함으로써 그 명사의 최상급을 표시한다. 하르 엘로힘은 '이 세상에서 가장 높은 산' 혹은 '어느 인간도 올라간 적이 없는 산'이라는 뜻이다.

모세는 지난 40년을 호렙 산을 오르기 위해 훈련했다. 모세는 이제 자신의 목숨을 담보로 등산을 시작한다. 그는 아무도 들어선 적이 없는 타부의 공간 안으로 진입한다. 타부의 공간은 우리가 일상적으로 알고 있는 상식이 깨지고 '상극의 일치'가 나타나는 영적인 공간이다.

모세는 지상에서는 볼 수 없는 신기한 광경을 목격한다. 한 떨기나무에 불이 붙었음에도 불구하고 열이나 연기가 나지 않았다. 자신이 경험한 세계를 넘어선 신비한 광경이었다. 그가 이 신비한 광경을 알아보기 위해 다가서자 나무가 말을 건넸다.

가까이 오지 말라. 네가 선 그 장소는 거룩한 땅이다.
샌들을 벗어라!

— 〈출애굽기〉 3:5

이 소리는 누구나 들을 수 있는 그런 소리가 아니라 모세만
이 들을 수 있는 '내면의 소리'이자 '침묵의 소리'였다. 오랫
동안 자신의 영역을 확장하기 위해 타부의 공간으로 들어선
용기 있는 자들에게 들리는 음성이다. 모세는 자신이 서 있
는 그 장소가 성스러운 장소라는 사실을 새롭게 깨닫는다.

지난 40년 동안의 목동 생활을 통해 수없이 지나친 떨기나
무가 다르게 보이기 시작했다. '거룩'이란 특별한 장소가 아
니라, 자신의 일상에서 더 나은 자신을 만나기 위해 구별한
시간과 장소다.

모세는 그 자리에서 샌들을 벗었다. 그는 이제 양떼를 인도
하는 무명의 목동이 아니다. 그는 동족 히브리인들을 인도
해 이집트에서 탈출시킬 것이다.

고대 그리스 철학자 아리스토텔레스는 용기는 무모함과 비겁의 '중간' 어디쯤이라고 말한다. 이 과정이 바로 '위험'이다. 우리가 위험을 감수할 때 위험은 새로운 길을 보여준다. 한자 '危險(위험)'은 한 인간이 깎아지른 듯이 서 있는 험한 산[險] 벼랑 끝[厃]에서 무릎[㔾]을 꿇는 모습이다. '위험 감수'란 최악의 상황을 미리 예상하고 그 대책을 마련하는 준비와, 그 계획을 겸손하고 강력하게 행동으로 옮기는 의연한 마음의 상태다.

나는 나를 한정짓는 경계를 넘어 위험을 감수할 것인가? 아니면 과거에 안주하며 위험을 회피할 것인가?

타부의 공간은 ─────────────
'상극의 일치'가
나타나는
영적인 공간이다.

———————————————— 내면의 소리는

타부의 공간으로

들어선

용기 있는 자들에게만

들린다.

교육은 세계를 변화시키는 가장 강력한

무기입니다.

넬슨 만델라

교육

教育

██

어제의 세계로부터 탈출하는 훈련

2018년 8월, 아버님 미수(米壽) 잔치를 위해 독일에서 막내 여동생 가족이 왔다. 여동생은 독일인과 결혼해 세 자녀를 두었다. 조카들 중 두 명은 중고등학교에 해당하는 김나지움에 다니고, 막내는 초등학생이다.

나는 오랜만에 조카들과 시간을 보냈다. 열여섯 살이 된 조카에게 내가 물었다. "너 나중에 뭐가 되고 싶어?" 이 질문에는 "너 어느 대학 갈래?" 혹은 "무엇을 전공해야 좋은 직장에 가는 줄 알아?"라는 세속적이며 건방진 마음이 숨어 있었다.

조카는 내 질문에 당황한 기색이 역력했다. 그는 한참 동안 주저하다가 자신이 지금 학교에서 공부하고 있는 과목들을 나열하기 시작했다. "저는 이번 학기에 지리, 물리, 경제를 배워요. 원래는 핸드볼 선수였는데, 무릎을 다치는 바람에 수술해서 지금은 운동을 못해요."

나는 조카에게 장래 희망을 물었는데, 조카는 자신이 지금 하고 있는 것들을 이야기했다. 평소 나는 사람들에게 로마 시인 호라티우스의 '카르페 디엠(carpe diem)'이라는 라틴어 문구를 인용하며 '지금'의 중요성을 강의하곤 했는데, 정작 조카에게 먼 미래를 질문한 것이다. 조카의 대답에 당황한 것은 나였다. 존재하지도 않는 미래를 위해 현재를 소홀히 하는 것보다 더 어리석은 일은 없다.

조카는 경제에 대해 이야기하기 시작했다. 오늘날 독일 경제가 처한 딜레마를 한참 설명했는데, 나는 아는 바가 없어서 그저 듣기만 했다. 내가 멋쩍어 한 반의 학생 수를 물으니, 조카는 열여섯 명이라고 말했다. 조카는 열여섯 명의 학생과 모두 친하게 지내며, 각 학생들은 자신들이 과목을 선택해 매시간 이동하면서 수업을 듣는다고 말했다. 독일의 중등 교육과정은 학생들의 개성을 발현시키는 데 힘쓰고 있음을 새삼 느꼈다.

나의 바보 같은 질문은 끝난 게 아니었다. "너 어느 대학 갈래? 베를린대학도 좋고 하이델베르크대학도 좋잖아. 대학 졸업하고 막스플랑크 연구소 가도 좋겠다. 나는 가본 적도 없고 잘 알지도 못하는 대학들의 이름을 줄줄 나열했다.

조카는 이전보다 더 황당해하는 얼굴로 대답하기를 머뭇거렸다. 그의 표정은 허망했다. 그는 분명 내 질문을 이해하지 못했거나 내 허황된 질문에 할 말을 잃었거나 혹은 이런 질문을 하는 삼촌에게 실망한 것 같았다.

조카는 이전보다 더 긴 침묵 뒤에 힘들게 말을 꺼냈다. "삼촌, 전 김나지움 졸업하면 1, 2년 정도 외국에서 아르바이트를 해보고 싶어요." 그의 대답은 대화의 상대자인 나를 궁지로 몰아넣었다. 그의 정신세계는 나를 출구 없는 미궁에 가두어놓은 미노타우로스 같았다.

나는 잠시 1970년대 말, 고등학교 시절을 떠올렸다. 독일과 한국의 교육을 비교하는 것이 서글펐다. 그때는 시커먼 교복을 입은 까까머리 학생들이 한 반에 70명씩 우글거렸다. 중간고사와 기말고사 성적, 그리고 전교 순위가 교실 입구에 대문짝만하게 붙었고, 가뜩이나 쪼그라든 나의 자존심을 더욱 비참하게 만들었다. 어머님은 무슨 죄인이라도 된 것

마냥 담임선생에게 불려가 고개를 조아렸다. 계엄령이 선포되어 거리에 군인과 탱크가 도열해 있던 시절이었다.

나는 다시 정신을 차리고 조카에게 물었다. "친구들도 다 그렇게 하니?" 이 질문도 역시 허접했다는 사실을 곧 깨달았다. 그는 대답했다. "친구들마다 하고 싶은 게 달라요. 어떤 친구는 바로 대학에 진학하고, 어떤 친구는 바로 일을 하겠대요. 저처럼 일하면서 자신이 하고 싶은 일을 찾으려는 친구들도 있어요."

조카가 내게 되물었다. "삼촌, 제가 정말 하고 싶은 게 뭔지 알아요?" 내가 말했다. "일 년 동안 세상 경험했으니 이젠 정신 차리고 대학 가겠지." 조카의 말은 다시 허를 찔렀다. "일 년 동안 아르바이트해서 모은 돈으로 유럽 여행 갈 거예요. 내가 뭘 하고 싶은지는 여행하면서 고민하면 되니까요."

교육은 누구를 가르치는 것이 아니라 인내하며 스스로 깨닫기를 가만히 기다리는 것이다. 교육은 정답을 알려주는 것이 아니라 이 세상에 존재하는 무수히 많은 다양성 가운데 자신에게 알맞은 답을 찾도록 격려하는 것이다.

시민 대표라는 사람들이 대학 입시 정책을 정하고자 모였다. 합의가 도출될 리 없다. 수능이 끝나면 교육방송의 수업 내용 중에서 수능 시험 문제가 얼마나 나왔는지를 발표한다. 입시 학원과 온라인 강의에서는 높은 점수를 획득할 비법이 있다며 학부형과 학생들을 홀려 시간과 돈 그리고 그들의 운명을 낚아챈다.
선진국으로 견인할 엔진이기도 한 교육이 우리에게는 암기를 기반으로 한 무지막지한 제로섬 게임이다. 개인의 창의성을 무시하고, 똑같은 것을 암기하는 학생들을 양산하는 공정 과정일 뿐이다.

서양에는 고대부터 중요한 가치를 고취하는 교육과정이 있다. 라틴어로 '트리비움(trivium)'이라고 하는데, '트리비움'이란 축자적으로는 세 갈래(tri) 길(vium)이 만나는 '공공의 장소' 혹은 '광장'을 의미했다.

고대 그리스 아테네에는 공공장소인 시장, 즉 '아고라'가 있었고, 고대 로마에는 다양한 공공의 의견을 교환하고 대화하는 '포럼(forum)'이 있었다. 시민들은 이 광장에 모여 상대방의 말을 경청하고, 자신의 정제된 생각을 개진하고, 최선의 생각에 승복하는 문화를 만들었다.

'하찮은/사소한'이라는 의미를 지닌 '트리비얼(trivial)'은 라틴어 트리비움에서 유래했다. 로마인들은 자신의 삶의 주인이 되고 독립적인 인간이 되기 위한 노력을 교육과정으로 만들어 '아르테스 리베랄리스(artes liberalis)'라고 불렀다. '리베랄리스'는 '자유로운'이라는 의미다.

자유로운 인간이란 자신에게 중요한 가치를 선별하고, 그 가치를 추구하는 사람이다. 그는 스스로에게 자연스럽고 의연한 사람, 즉 '자유인'이다.

자유의 소극적인 의미는 탈출이다. 남들이 만들어놓은 정신적이며 육체적인 굴레로부터의 독립을 의미한다. 소극적인 자유는 자유가 지닌 가치를 드러내지 못한다.

자유는 탈출이 아니라 열망이자 추구다. 자유는 자신이 간절하게 원하는 것이 있을 때 제대로 기능한다. 자유는 자신의 개성을 발휘하게 만들고, 자신이 속한 공동체를 다양하고 조화롭게 만드는 역동적인 힘이다.

'아르테스'는 '최선/예술/기술'을 의미하는 라틴어 '아르스 (ars)'의 복수형이다. 아르스는 다양한 요소들을 솜씨 있게 엮어내는 기술이다. 그 솜씨는 어머니가 담근 김치의 맛처럼, 오랜 시행착오를 거쳐 최적화된 간결이다.

시민 한 사람 한 사람이 독립적인 인간으로 다시 태어나기 위한 교육이 아르테스 리베랄리스, 즉 '교양 교육'이다. 그리고 이 교양 교육의 가장 기본이 트리비움이다. 트리비움을 구성하는 세 가지인 문법, 논리 그리고 설득은 모든 사람이 알아야 할 지식이다.

이것들은 공기처럼, 어머니의 사랑처럼 인간을 자유롭게 만들기 위한 덕목들이다. 트리비움은 고대 그리스와 로마 시민 교육의 틀이며, 8세기 말 프랑크 왕국의 카를 대제의 문화 장려 교육을 통해 오늘날 서양 교육의 기반이 됐다.

'교육하다'라는 영어 단어 '에듀케이트(educate)'의 어원에서 알 수 있듯이, 교육은 학생들이 각자 지니고 있는 고유함을 자극해 그것을 '밖으로(e-) 끄집어내는(-ducate)' 거룩한 수련이다.

교육은 각자의 마음속에 존재하는 고유함을 발견하게 만드는 자극이 되어야 한다. 그들 각자가 만족하는 위대한 개인이 되도록 유도하는 커리큘럼을 우리는 과연 가지고 있는가?

자유는 탈출이 아니라 열망이다.

자유는

자신이 간절하게
원하는 것이 있을 때

제대로 기능한다.

나는 남이 아니라 나 자신과 경쟁합니다.
내 목표는
마지막 공연의 성과를 능가하는 것입니다.

셀린 디옹

경쟁

競爭

나와의 싸움에서 승복할 용기

축구는 언제나 감동을 준다. 2019년 U-20 월드컵에서 대한민국 청년들이 이루어낸 준우승은, 우리 젊은이들의 희망찬 미래를 보여주는 지표다.

월드컵 준결승 경기를 보기 위해 새벽까지 TV 앞에 앉아 눈을 떼지 못했다. 월드컵 축구는 오늘날 존재하는 가장 강력한 '세계 종교'인 것만 같다. 무엇이 월드컵 축구를 이토록 매력적으로 만드는가?

첫 번째는 다양성이다. 우리는 단일민족 신화나 남북, 좌우, 빈부, 남녀와 같은 편 가르기 이념에 익숙하다. 그러나 월드컵은 낯설다. 다양한 인종과 국가의 선수들의 얼굴과 움직임이 TV 화면에 클로즈업될 때면 우리는 그들의 '다름'을 확인하고 인정한다.

인류는 '다름'을 '열등'으로 치부해 인류 최대의 비극인 홀로코스트를 통해 유대인 600만 명을 살해하는 참극을 낳았다. 우리는 우연히 자신이 태어난 사회에서 일정한 교육을 받는다. 우리는 그것을 통해 얻은 세계관을 수많은 이념 중 하나로 생각하지 않고, 자신도 모르게 유일하고 옳은 세계관으로 착각한다.

고대 히브리어의 '다름'을 의미하는 단어 '코데쉬(qodesh)'에는 '성스러움'이라는 의미도 있다. 성스러움이란 다름에 대한 승복이다. 월드컵 축구 경기 내내 관찰한 다양한 인종과 문화, 종교들은 나의 세계관을 확장시키는 도구였다.

두 번째는 공평이다. 누구나 월드컵 축구 선수가 될 수 있다. 축구는 다른 스포츠처럼 아주 특별한 신체 조건을 요구하지 않는다. 선수는 자신에게 온 공을 유연하고 정확하게 다루면 된다. 그런 선수만이 공을 다른 선수에게 신속하고 날카롭게 패스할 수 있다.

모든 선수는 어릴 때부터 '공정한 경쟁'을 통해 살아남은 자들이다. 이런 경쟁만이 인간을 과거의 진부한 상태에서 미래의 참신한 상태로 전환시킨다.

고대 그리스어로 '경쟁'이라는 의미를 지닌 '아곤(agon)'은

경쟁이란
나와의 싸움에서

승복하는

용기다.

두 가지 뜻을 담고 있다. 하나는 다른 사람과의 경쟁이고, 다른 하나는 자신과의 경쟁이다.

고대 그리스인들은 올림픽 경기와 비극 경연을 만들어 다른 사람들과의 공정한 경쟁을 찬양했다. 수많은 관객들이 1등을 가린다. 그리스인 누구나 자신의 신분과는 상관없이 1등을 하기 위해 대중 앞에서 경쟁했다.

경쟁은 선수의 최선을 이끌어내는 조련사다. 자신의 한계를 확장해 신적인 능력을 발휘한다. 그 경쟁은 공정해야만 한다. 만일 한 선수가 골을 넣기 위해 다른 팀 수비들보다 안으로 들어가 기다린다면, 이는 공정하지 않으므로 반칙이다. 축구 경기에서는 이 반칙을 '오프사이드'라고 부른다.

세 번째는 승복이다. 경기에 임하는 모든 선수들이 공평하게 경쟁하기 위해 주심과 부심의 결정에 무조건 따라야 한다. 주심은 공정한 경쟁에 치명적인 반칙을 가려낸다. 일단 심판들의 판결이 내려지면, 모든 선수들은 불만이 있더라도 항의해서는 안된다. 만일 선수가 주심의 판결에 불복하면, 그는 즉시 퇴장이다. 이들의 판단과 선수들의 승복 없이는 어떤 경기도 진행이 불가능하기 때문이다.

네 번째는 협동이다. 축구는 열한 명이 하나 되어 협동을 연습하는 스포츠다. 선수들은 다른 동료 선수들과 끊임없이 소통한다. 그들은 오랜 훈련과 연습을 통해 동료 선수가 어디로 공을 패스할지 직감한다.

우리는 축구를 '발로 공을 차는' 운동인 '풋볼(football)' 쯤으로 알고 있지만, 축구의 종주국인 영국에서는 축구를 '사커(soccer)'라고 부른다.

사커는 라틴어로 '친구/동반자'라는 의미의 명사 '소시우스(socius)'와 '따라가다'라는 의미를 지닌 접두어 '아드(ad)'가 결합된 합성어다.

축구는 친구를 만드는 연습이며, 협동을 훈련하는 운동이다. 인류는 경쟁을 통해 진화했다. 그 경쟁은 약육강식과 적자생존을 위한 타인과의 경쟁이 아니다. 범인들은 타인과 경쟁하지만, 흠모하는 자신을 열망하는 사람은 오래된 자기와 묵묵히 경쟁할 뿐이다.

4부

개벽
開闢

나를
깨우는
고요한 울림

눈물은 거룩합니다.
눈물은 약함이 아니라 강함의 표시입니다.
눈물은 수많은 말보다 감동적으로 말합니다.

워싱턴 어빙, 소설가

눈물
tear

울음은 새로운 시작을 알리는 소리다

나는 종종 운다. 롤랑 조페가 감독한 1986년 영화 〈미션〉을 볼 때마다 나도 모르게 매번 눈물을 흘린다.

특히 가브리엘 신부(제레미 아이언스)가 신의 눈물과 같은 신비로운 폭포 너머 산꼭대기에 있는 과라니 원주민과 소통하기 위해 조그만 피리로 연주할 때 그렇다. 그 곡은 이 영화의 주제곡이기도 한 〈가브리엘의 오보에〉다. 또 노예상 멘도자(로버트 드 니로)가 자신의 과거를 상징하는 무기들을 어깨에 짊어지고 가파른 절벽을 올라갈 때의 그 눈빛은 심금을 울린다.

물은 이중적이다. 신화에서 물은 신화적으로 혼돈인 동시에 정화를 의미한다. 혼돈은 무형과 무질서다. 혼돈을 의미하는 그리스어 '카오스(chaos)'는 비어 있는 공간이지만 빅뱅을 준비하는 모체다. 혼돈은 없음이며 동시에 있음인 셈이다.

태초의 혼돈은 자신들이 이루어놓은 문명과 문화를 하루아침에 파괴할 수 있는 괴물인 '홍수'다. 모든 문화에 등장하는 홍수 신화는 문명의 시작을 뜻한다.

인간은 누구나
눈물로 인생의 시작을 알리고,
눈물로 인생의 마지막을
정리한다.

―――――

눈물은 인생이라는 여정을
시작하겠다는 선포다.
눈물은 그 경계를 표시하는
강물이다.

혼돈을 상징하는 홍수와 물의 이미지는 1세기 유대인들에게 매우 중요했다. 그들은 특히 사해 근처에 쿰란 공동체를 만들어 메시아를 기다렸다. 그리고 이 공동체의 일원이 되는 사람에게 특별한 의례를 시작했다. 바로 '침례' 의식이다.

물은 어머니의 뱃속, 요나가 들어갔다는 고래의 뱃속, 허먼 멜빌의 소설 『모비 딕』에 등장하는 주인공 에이허브 선장이 향유고래와 벌인 사투, 그리고 우주가 창조되기 전의 혼돈을 상징한다. 인간은 과거의 자신을 유기하고 새로운 자신으로 태어나기 위해 물속으로 다시 들어간다.

물은 또한 정화를 의미한다. 이슬람 모스크에 들어가기 전 손과 발 그리고 얼굴을 깨끗이 씻는 이유는, 세상의 먼지를 털어버리고 구별된 공간으로 진입하기 전에 자신의 얼굴가짐, 몸가짐 그리고 정신가짐을 정돈하겠다는 의지다.

눈물은 고대 이집트 문명의 핵심이다. 태양신 라(Ra)의 눈에는 우주 창조와 인간 창조의 비밀이 숨겨져 있다.

이집트 신화에 의하면 혼돈의 신이자 죽음의 신 세트(Seth)가 형인 영생의 신 오시리스(Osiris)를 시기해 그를 살해했다. 그는 오시리스의 시신을 여러 토막으로 나누어 지중해 전역에 유기했다.

오시리스의 부인인 이시스(Isis) 여신은 오시리스의 흩어진 시신들을 모은 뒤 그를 부활시켜 성적인 관계를 갖는다. 그리고 하늘신 호루스(Horus)를 낳는다. 호루스는 고대 이집트어로 '멀리 떨어진 (인간을 지켜보는) 존재'라는 뜻이다. 이시스는 세트의 눈을 피해 호루스를 키운다.

호루스는 삼촌인 세트 신이 가져온 우주의 혼돈을 바로잡기 위해 결투하던 중 왼쪽 눈을 다쳐 피와 눈물을 흘린다. 그러자 마법의 신 토트(Thoth)가 그 눈을 회복시켜 지하세계를 통치하는 달로 만들었다.

고대 이집트어로 눈물을 흘리고 있는 호루스의 눈을 '웨자트(wedjat)'라고 부른다. 웨자트는 자기희생을 통한 재생과 부활을 상징한다.

눈물은 분리이자 시작이며 죽음이자 생명이다. '눈물'을 의미하는 영어 단어 '티어(tear)'는 '찢다 / 뜯다'의 뜻을 가진 동사 '테어(tear)'와 같은 어원에서 유래했다.

눈물은 과거의 자신으로부터 자신을 분리하고 떼어내는 행위다. 눈물을 흘린다는 것은 마음에 붙어 있는 가식, 이기심, 집착 등을 강제로 떼어내려는 노력이다. 그 과정에서 상처나 자국이 남을 수도 있다.

눈물은 이성을 숭배하고 체면에 기생하는 인간을 한순간에 공격해 자신의 감추고 싶은 과거와 직면하게 만든다. 그리고 새로운 출발을 촉구한다.

저녁노을을 보며 눈물이 나는 이유는 말로 다할 수 없는 신비한 아름다움에 압도되어서다. 그 노을이 나에게 묻는다. "왜 너는 감동을 주는 삶을 살지 않는가?" 어머님 얼굴에 깊게 파인 주름살이 나에게 묻는다. "왜 너는 헌신적인 삶을 살지 않는가?" 조용히 잡은 아내의 손이 나를 감동시킨다.

그 손이 묻는다. "왜 너는 도움이 필요한 사람의 손을 잡지 않는가?" 핸드폰 너머 들려오는 딸들의 목소리가 나를 아련하게 만든다. "왜 너는 사람들을 신뢰하지 않는가?" 글을 쓰고 있는 나를 응시하는 나의 반려견, 샤갈과 벨라가 나에게 묻는다. "왜 너는 순간을 살지 못하는가?"

눈물은
이성을 숭배하고
체면에 기생하는 인간을

한순간에 —————
공격한다.

눈물을 흘린다는 것은

마음에 붙어 있는

가식, 이기심, 집착 등을
강제로 떼어내려는
노력이다.

후회가 남지 않는 정복은

우리 자신을 정복하는 것입니다.

나폴레옹

정복

征服

■

숭
고
한 나
를 만
들
어
가
는 과
정

인간은
순간을 살고 있다는 사실을
아는

—

유일한 동물이다.

인간은 순간을 살고 있다는 사실을 아는 유일한 동물이다. 죽음을 준비하는 동물들은 많다. 하지만 인간만이 자신의 삶을 돌아보고, 그것이 순간이었다는 것을 깨닫는다.

'지금'이라는 시간과 '여기'라는 장소에 몰입하려는 자는 신적인 인간이다. 그는 매순간을 영원으로 만들려고 한다. 우주의 운행 원칙인 시간은 재현될 수 없다. 그 안에 존재하는 만물은 시간이라는 원칙 안에서 자신만의 스타일을 구축한다.

산, 호수, 나무, 새, 진돗개 그리고 책상, 컴퓨터, 램프, 만년필 등 내가 매일 보는 것들은 항상 '지금'을 산다. 동식물은 물론 사물조차 자신의 현재를 만끽하고 몰입해 후회하는 법이 없다. 이것들은 하염없이 흐르는 시간을 멈추듯 그 순간에 집중하기 때문에 언제나 아름답고 유용하고 애절하다.

인간은 자신에게 할당된 시간이 제한적이라는 사실을 알고 있지만 역설적으로 그것을 애써 잊으려 한다. 문명은 시간을 멈추려는 반역이며, 문화는 시간을 거스르려는 몸짓이다.

인간은 영원히 어린아이 상태로 남고 싶어 한다. 스위스 정신분석학자 칼 융은 인간 마음속에 깊이 존재해 그의 삶을 조절하는 원시적이며 구조적인 인간 심리의 원형을 '푸에르 아이테르누스(puer aeternus)'라고 불렀다. 이 라틴어 용어를 번역하면 '영원한 소년'이다.

고대 그리스 신화에서 '혼돈'에 질서, 조절, 이성 그리고 책임이라는 가치를 부여한 신은 크로노스다. 크로노스는 시간의 흐름인 '늙음'이 자연스러운 삶의 질서라고 말한다.
고대 그리스인들은 이 시간을 방해해 태초의 시간으로 인간을 돌려보내는 혼돈과 재생의 신인 디오니소스를 창안했다. 디오니소스는 본능, 무질서, 혼돈 그리고 엑스터시를 권장한다.
인류 최초의 서사시『길가메시 서사시』는 불로초를 찾아 헤매는 영웅 길가메시 이야기다. 그는 '영원한 소년'이다. 이 서사시는 현대 소비 문명의 기저에 깔려 있는 피터팬신드롬의 원형이다.

인간은 피터팬신드롬을 스스로 극복할 수 있다. 자신이 생각하는 것보다 신속하게 도망쳐버리는 시간을 직시함으로써 '지금과 여기'를 응시한다.

'지금과 여기'에 몰입하기 위해 정복해야 할 대상은 행운이 아니라 나 자신이다. 어제까지의 삶의 경험으로 내 머릿속에 안주해 나를 조정하고 깨달음을 방해하는 번뇌다.

우리는 종종 삶의 어려움에 봉착했을 때, 그 원인을 자신이 아닌 외부에서 찾는다. 우리의 경제적이며 사회적인, 그리고 심리적인 불안과 불만을 타인 혹은 공동체에서 찾으려 한다. 우리가 경험한 전쟁, 유신 그리고 독재가 이런 부정적인 생각을 심화시켰다. 그러나 환경이 나의 안녕과 행복을 위한 결정적인 요소일 리 없다.

노예로 살다가 로마 시대 위대한 철학자가 된 에픽테토스는 남을 탓하는 습관적인 생각으로부터 탈출하는 실제적인 방법을 알려주었다. 에픽테토스는 철학자로서 자신에게 주어진 삶을 연마했다. 그의 책 『엥케이리디온(*Encheiridion*)』
은 번역하면 '인생수첩'이라는 뜻이다. 이 책은 이렇게 시작
한다.

세상에는 우리가 할 수 있는 것과 할 수 없는 것이 있습니
다. 우리가 조절할 수 있는 것은 (깊은 사고를 통한) 의견, (충동
을 통한) 선택, (무엇을 얻고자 하는) 욕망, (무엇을 피하고자 하는)
회피, 한마디로 우리의 행위들입니다.
우리가 조절할 수 없는 것은 육체의 늙음, 재산 증식, 명성
획득 그리고 고위직입니다. … 전자는 자유롭고, 거침이 없
고, 타인에 의해 방해받지 않습니다. 그러나 후자는 누군가
에 매여 있고, 타인에 의해 방해를 받으며, 다른 사람에게
의지합니다.

인간은 자신의 운명을 스스로 결정하는 온전하고 유일한 존
재다. 만일 내가 조절할 수 없고 정복할 수 없는 것들을 통
해 행복하길 바란다면, 그는 어리석다. 부와 권력을 배분하

는 운명의 여신은 세상을 공평하게 만들기 위해 물레를 쉬지 않고 돌려 다른 사람에게 주기 때문이다.

행복은 타인의 발뒤꿈치만 보고 가는 자신을 돌아보고 멈추는 행위에서 시작한다. 그리고 사시사철, 시시각각 혁신하는 달처럼 스스로 조용히 변화하려는 자신에게 승복하는 내적이며 사적인 용기다.

내가 오늘 정복할 대상은 무엇인가? 나는 지금, 여기에서 내 생각을 정복하고 있는가? 내 마음속에서 미세하게 움직이고 있는 생각을 감지해, 저 멀리 보이는 목적지를 향해 묵묵히 걷고 싶다.

세상에는
내가
조절할 수 있는 것과
조절할 수 없는 것이
있다.

조절할 수 있는 것을
가려내는 힘이
분별력이고
그것을 발휘하는 능력이
용기다.

나는 깨달았습니다.

사람들은 당신이 말한 것을 잊을 것입니다.

사람들은 당신이 한 행동을 잊을 것입니다.

그러나 사람들은

당신이 그들을 어떻게 대했는지는

결코 잊지 않습니다.

마야 안젤루, 미국 시인

부사
副詞

───

무엇이 아니라 어떻게

어머니의 전화는 항상 이렇게 시작한다. "잘 지내는 거지?" 어머니는 '잘'이라는 부사(副詞)를 사용해 나를 당혹하게 만든다.

'잘'이란 무엇인가? '잘'이라는 부사는 정의하기 힘든 낱말이다. '공부를 잘한다', '물건이 잘나간다', '처신을 잘한다'와 같은 문장에서 '잘'이라는 부사는 다양한 의미의 동사에 접두해 그 뒤따라오는 동사가 지닌 숨은 의미를 드러내려고 애쓴다.

현대 문명을 이끈 정신은 '무엇'이라는 명사가 아니라 '어떻게'라는 부사다. 어린 시절, 대한민국이 아직 현대 문명의 세례를 받지 못했던 시절에는 어른들이 아이들에게 종종 물었다. "너 커서 뭐가 될래?"

그 당시에는 '뭐가'가 개인의 운명을 좌우했다. 남들이 부러워하는 직업을 갖거나 심지어 그 직업을 위한 국가시험에 합격하거나 더 나아가 그 국가시험에 매달리기 위한 학과에 들어가면 그 사람은 이른바 성공한 사람이 된다.

오늘날 영국의 현대 정신을 구축한 가장 위대한 청교도 시인인 존 밀턴은 장편 서사시 『실낙원』(8권 192-194행)에서 이렇게 노래한다.

To Know
That which before us lies in daily life
Is the prime wisdom; what is more, is fume.
일상생활에서 우리 앞에 놓여 있는 것들을 아는 것이
가장 중요한 지혜다. 그 이상은 거품이다.

우리가 일상을 통해 마주치는 크고 작은 일들의 경중을 알고, 그것을 잘 처리하는 것이 가장 중요한 삶의 지혜다. 그 이상을 말하는 것은 부질없는 일이다.

우리는 흔히 '명사'에 열광한다. 명예, 권력, 정의, 불의, 불행, 행복과 같은 명사는 그 의미가 사전에 분명하게 기록되어 있다.

그러나 정작 '명예란 무엇인가?'를 묻는다면, 사람마다 정의가 다르다. '명예'의 사전적 정의는 이렇게 진행된다. 그 단어로 다른 유사한 개념들, 예를 들어 평판, 명성, 전통 등과 같은 단어들과 구분되는 최소 의미에 집착한다. 사전적 의미의 '명예'는 필요한 최소다.

인간은 명사를 보충하기 위해 형용사를 만들었다. 형용사는 대개 명사에서 만들어진 품사다. '명예'를 부연 설명하기 위해 '찬란한 명예' 혹은 '고귀한 명예'처럼 형용사를 동원해 명사를 꾸민다. 명사를 꾸미는 형용사는 사실 명사가 지닌 원래의 뜻을 밝히기보다는, 그 뜻을 왜곡하거나 흐리게 하는 방해꾼이다.

나는 '부사'를 좋아한다. 흔히 '삼가 명복을 빈다'와 같은 문장에서 '삼가'가 바로 부사다. '삼가'는 온 정성을 담아 정중하게 자신의 진심을 표시한다. 부사에는 화자의 심정이 담겨 있다.

'명예'라는 단어의 성격은 오히려 부사에서 온다. 부사는 문장에서 명사를 수식하지 않고 형용사를 수식하거나 혹은 동사를 수식한다. 아니면 문장 전체의 성격을 규정한다.

예를 들어 '나는 명예를 삼가 중요하게 여긴다'라는 문장에서 부사 '삼가'는 명예를 대치하는 나의 태도를 담은 단어다. '삼가'는 내가 명예를 어떻게 생각하는지, 내 삶의 태도를 드러낸다.

19세기 뉴잉글랜드의 청교도들 사이에 회자되던 유명한 모토가 있다.

God loveth adverbs;

and careth not how good, but how well.

신은 부사를 사랑한다.

얼마나 좋은가가 아니라 얼마나 잘하느냐에 달려 있다.

나는 오늘 나에게 묻는다. 나는 나를 잘 대접하는가? 나는 제3자가 되어 나의 소리에 진심으로 귀 기울이는가? 나는 수많은 편린으로 이루어질 오늘 하루를 어떻게 보낼 것인가? 명사에 집착할 것인가, 아니면 부사를 대접할 것인가?

나는 오늘 하루를
스스로 감동할 만큼

'잘'

지냈는가?

매일 밤 저는 죽습니다.
매일 아침 저는 다시 태어납니다.

마하트마 간디

절제

節制

■

시간 앞에 겸허하게 사는 것

'살아 있음'이란 무엇인가? 우리는 생명을 어떻게 정의할 수 있을까? 만일 우리가 어떤 사람이 살아 있다고 정의한다면, 그 '살아 있음'의 내용은 무엇인가?

과학자들은 아직까지 지구를 제외한 다른 행성에서 생명의 흔적을 발견하지 못했다. 최근 미국항공우주국(NASA)이 화성에서 발견한 물의 흔적은 생명 존재의 가능성을 열어놓았지만 아직 구체적인 증거를 찾지 못했다.

지구가 유일하게 생명을 보존할 수 있는 이유는 '중용(中庸)'을 유지했기 때문이다. 지구는 극단적이지 않다. 너무 뜨겁거나 너무 차지 않다. 너무 기체화되거나 너무 고체화되지도 않는다. 그 절묘한 중간을 유지해 생명 탄생의 환경을 조성했다.

지구의 중용은 단지 지구 안에서만 해결된 문제가 아니었다. 지구는 지난 50억 년 동안 태양과의 중력을 통해 태양과의 거리를 적당하고 정확하게 유지해왔다.

지구는 오래전 원(原)-화성과 부딪혀 23.5도 기울어지면서 사시사철이 가능한 환경이 조성됐다. 부딪치면서 떨어져나가 만들어진 달도 지구 주위를 돌면서 바다의 수면을 적당하게 유지시킨다.

지구가 '불의의 사고'로 기울어지지 않았다면, 남반구와 북반구는 영원히 얼음으로 뒤덮여 동식물이 살아남지 못했을 것이다.

우연한 불의의 사고는 지구의 생명 탄생을 위한 필연적인 섭리였다. 지구는 태양과의 절묘한 거리와 달과의 신비한 공생관계로 인해 역동적으로 변화하면서도 자기 스스로 제어하는 능력을 지니고 있다.

지구와 지구 안에 존재하는 만물의 특징은 '자기보존'이다. 생물이 생물로 불리는 이유는, 자신을 해체해 사라지지 않고 자기의 현상을 보존하는 힘을 소유하기 때문이다.

마당에 서 있는 소나무가 소나무인 이유는, 자신의 모습을 유지하기 때문이다. 만일 그 소나무가 자기보존의 힘을 상실한다면, 얼마 지나지 않아 고사함으로써 자신이 왔던 흙으로 돌아갈 것이다. 죽음은 자기보존의 해체다.

과학자들은 이 능동적인 자기보존 체제를 '오토포이에시스(autopoiesis)'라고 부른다. 칠레의 생물학자이자 철학자인 움베르토 마투라나(Humberto Maturana)와 그의 제자 프란시스코 바렐라(Francisco Varela)가 재등장시킨 학문 용어다.

그들은 살아 있는 물건, 동물과 식물의 생존 방식을 오토포이에시스라고 정의했다. 이 과학자들의 상상력을 자극한 것은 실험실 현미경이나 숫자가 아니었다. 그들은 스페인 소설가 세르반테스의 소설 『돈키호테』를 보고 영감을 얻었다.

마투라나는 어느 날 역사학자이자 철학자인 친구 호세 마리아 불레스(José María Bulnes)를 방문했다. 그는 돈키호테의 딜레마에 관한 글을 쓰고 있었다. 돈키호테는 방랑하는 기사와 영웅 기사에 관한 소설을 쓰는 작가 사이에서 고민했다. 돈키호테는 결국 방랑하는 기사가 되기로 결정했다.

불레스는 돈키호테의 결정을 아리스토텔레스의 용어를 빌려 설명했다. 돈키호테는 글을 써서 소설을 창작하는 '포이에시스'가 아니라 기사가 되기 위해 행동하는 '프락시스'를 선택했다.

마투라나는 불레스가 사용한 포이에시스에서 힌트를 얻어 '생물'을 정의한다. 생물이란 생존을 위해 '자연 상태로 존재할 수 있는 순수한 물체인 분자들의 자발적이며 자동적인 활동', 즉 오토포이에시스 체계다.

마투라나는 자신이 고대 그리스어를 사용해 생물 정의에 대한 신조어를 만들어냈다고 생각했다. 그러나 다음 날, 학문의 모든 용어를 만들어낸 아리스토텔레스가 이미 이 용어도 만들어냈다는 사실을 알고 실망했다.

생물은 자신이 변화하면서도 자신만의 특징, 즉 '안정성'을 유지해야 한다. 1970년대에 등장한 가이아 이론에 의하면, 지구는 하나의 생명체로 자기를 보존한다. 가이아 이론은 초기에는 찰스 다윈의 자연 선택 이론과 상충하는 부분이 있어 논란의 여지가 있었지만 지금은 지속 가능한 이론으로 수용되고 있다.

지구 전체의 기후, 바다의 염분, 그리고 산소와 같은 핵심적인 요소들은 지구의 생명이 생존할 수 있도록 스스로 조절해왔다. 그 생물들이 다른 생물들과 창조적으로 결합해 진화했다. 이 창조적인 다른 생물과의 결합을 '알로포이에시스(allopoiesis)', 번역하면 '타자결합생성'이라고 한다.

인간은 개체로서 자기보존과 사회적인 동물로서 타자결합생성을 통해 매일 진화한다. 자기보존을 위협하는 상황에서 자신의 고결을 유지하려는 마음가짐이 절제다.

누가 갑자기 나의 뺨을 친다면 나는 어떻게 반응해야 하는가? 나는 무의식적으로 그의 공격을 피할 것이다. 이 피하는 행위는 인류의 생존 본능이며 전략이다. 그러나 신약성서 〈마태복음〉에 기록된 산상수훈에 등장하는 한 구절은, 정반대의 반응을 표현하고 있어서 선뜻 이해하기 어렵다.

악한 자를 대적하지 말라. 누구든지 네 오른편 뺨을 치거든 다른 편도 돌려 대라.

－〈마태복음〉 5:39

어떤 사람이 당신에게 악의를 품고 다가와 뺨을 친다. 〈마태복음〉 저자는 아무 뺨이 아니라 오른편 뺨을 쳤다고 기록했다. 그러나 동일한 내용이 등장하는 〈누가복음〉은 오른편 뺨이라고 기록하지 않았다.

너의 이 뺨을 치는 자에게 저 뺨도 돌려대며 네 겉옷을 빼앗는 자에게 속옷도 거절하지 말라.

－〈누가복음〉 6:29a

〈누가복음〉 저자는 약자의 인권에 지대한 관심이 있는 지식인이다. 그에게는 "남에게 대접을 받고자 하는 대로 너희도 남을 대접하라"는 황금률을 설명하는 데 있어서 왼뺨이냐, 오른뺨이냐가 중요한 게 아니었다.

그러나 거의 전통 유대인 랍비와 같은 신앙을 가진 마태는 달랐다. 누가의 표현에 미묘한 의미를 전달하는 그리스어로 '덱시안(dexian)', 즉 '오른편'이라는 단어를 굳이 첨가했다.

만일 이 이야기가 예수가 직접 말한 내용이라고 가정한다면 그는 이 말을 그리스어가 아닌 아람어로 했을 것이다. 예수는 그리스어를 몰랐다. 그는 아람어로 말했고, 구약성서를 인용할 때 히브리어 단어나 문장 몇 개 정도를 알았을 것이다.

예수의 제자들은 그리스도교를 아테네와 로마 세계로 전파하기 위해 전략적으로 아람어가 아닌 그리스어로 복음서를 기록했다. 예수가 사용한 '오른쪽'이라는 단어는 히브리어로 '스몰(smol)', 아람어로 '스몰라(smola)'다.

유대인들이 오른쪽과 왼쪽의 의미를 찾을 수 있는 사건이 있었다. 〈창세기〉 48장에 등장하는 야곱이 요셉의 자녀들, 즉 손자들에게 강복(blessing)하는 장면이다.

요셉은 눈이 어두워 잘 보이지 않는 아버지 야곱 앞에 두 아들을 앉혔다. 야곱의 오른손이 장남인 므낫세에게 닿을 수 있도록 그의 오른편 무릎 앞에 앉히고, 둘째 아들 에브라임은 야곱의 왼손이 닿을 수 있도록 앉혔다. 이제 야곱에게 강복을 받을 순간이었다.

이스라엘(야곱)이 오른손을 펴서 차남 에브라임의 머리에 얹고 왼손을 펴서 므낫세의 머리에 얹으니 므낫세는 장자라도 팔을 엇바꾸어 얹었더라.

– 〈창세기〉 48:14

요셉은 노쇠한 야곱이 치매에 걸려 좌우를 구분하지 못하는 줄 알고, 야곱의 오른손을 들어 장남 므낫세에게 옮기려 시도하며 "아버지여, 그리 마옵소서. 이는 장자이니 오른손을 그의 머리에 올려놓으십시오"라고 말한다. 그러자 야곱이 말한다. "내 아들아 나도 안다. … 그의 아우(에브라임)가 그보다 큰 자가 되고 그의 자손이 여러 민족을 이룰 것이다."

유대인들에게 오른손은 힘과 행운을 상징하고, 왼손은 허약과 불운을 상징한다. 야곱은 오른손을 둘째 아들 에브라임의 머리 위에 올려놓고 강복했다.

앞에서 언급한 〈마태복음〉 5장 39절에서 악한 자는 자신의 오른손을 이용해 왼뺨을 때린 것이 아니라 왼손으로 오른뺨을 쳤다. 유대인들에게 왼손잡이는 금기였기 때문에 악한 자는 충동적으로 어떤 사람의 뺨을 때린 것이 아니라 의도적으로 악의를 품고 창피를 주기 위해 뺨을 때린 것이다.

왼손으로 상대방을 가격하는 행위는 그의 자존심을 공개적으로 무너뜨리고 창피를 주려는 의도다. 〈마태복음〉 저자는 그 치욕적인 순간에 오히려 다른 편, 즉 왼뺨도 돌려대 편히 치도록 내밀라고 말한다.

복이 있는 사람 혹은 복을 가져오는 사람의 중요한 마음가짐은 절체절명의 순간에 자신을 지키는 절제다. 자기보존과 타자결합생성의 궁극적인 모습은 자신을 제어할 수 있는 용기다.

산스크리트어 '아힘사(Ahimsa)'가 바로 그런 뜻이다. 아힘사는 불행하게도 흔히 '비폭력'으로 번역됐다. 아힘사는 부정적인 의미보다는 긍정적이며 적극적인 의미를 담고 있다. '힘사(himsa)'는 '때리다/살해하다'라는 의미를 지닌 산스크리트어 동사 '한(han)'에서 파생됐다. 이 동사에 원망(怨望)형 어미 '-sa'가 접미해 '누구를 살해하고 폭력을 가하고 싶은 마음'이라는 뜻이 됐다.

그러므로 아힘사는 '누구에게 폭력을 행사하려는 자신을 가만히 보고, 그 마음을 제어하는 상태'다. '비폭력'이라는 단어로는 그 의미를 온전히 전달하기에 부족함이 있다.

절제는 상대방의 악행에도 불구하고 자신의 인격과 숭고함을 지키고자 자신을 제어하는 힘이다. 절제를 실천하는 사람은 단순히 어떤 나쁜 생각이나 행동을 삼가는 소극적인 인간이 아니다. 절제는 자신에게 주어진 절체절명의 임무에 목숨을 걸고 적절한 시간에 실천하는 숭고다.

절제는
자신의 인격과
숭고함을 지키고자
자신을 제어하는
힘이다.

나는 ─────────
오늘 무엇을
절제할 것인가.

당신이 가진 유일한 것은 지금입니다.

에카르트 톨레, 영성가

중간

中間

시작과 끝이 하나 되는 결정적 지금

인간은 언제나 '처음'을 알고 싶어 한다. 그러나 처음은 인간의 지식과 지혜를 초월하기 때문에 도저히 알 수 없는 신기루다. 역설적이게도 인간은 만물의 기원을 이성적으로 설명할 수 없어서 오히려 그것에 집착한다.

어린 시절 할머니로부터 들은 이야기들은 항상 정형화된 문구인 '옛날 옛날에'로 시작한다. 영어로는 'Once upon a time'이고, 라틴어로는 'in illo tempore'다. 과학자들도 생물과 무생물의 생성에 관해 묻는다. 그 대답이 불가능하기에 '빅뱅 이론'이라는 용어로 설명을 시도한다.

우주라는 '있음'은, 그 전단계인 '없음'을 전제하지 않고는 그 생성에 대한 이유를 설명할 수 없다. 우주를 지탱하는 '인과'라는 원칙을 '처음'에는 적용할 수 없다.
처음에 대한 설명은 인간의 궁극적인 질문이지만 우리는 그것에 대해 아는 바가 하나도 없다. 인간의 지식은 시간과 공간이 만들어낸 '있음'에 한정되어 있기 때문이다. 기원에 관한 서술은 자신의 이야기가 아니라 남이 나에게 들려준 소문이며 이론이다.

소설은 종종 저자 자신에게 의미 있는 부분에서 시작한다. 허먼 멜빌의 소설 『모비 딕』의 "Call me Ishmael(나를 이스마엘이라고 불러라)"이나 알베르 카뮈의 소설 『이방인』의 "Aujourd'hui, maman est morte(오늘 어머니가 돌아가셨다)"처럼 느닷없이 시작한다.

서양 문학의 특징은 '중간 시작'이다. 그 특징을 라틴어를 이용해 '인 메디아스 레스(In Medias Res)'라고 표현한다. 이 문구를 축자적으로 번역하면 'in the middle of things', 즉 '일상적으로 일어나는 많은 일들 가운데 (느닷없이)'라는 의미다.

세상에는 나와 상관없는 수많은 일이 일어나기도 하고 사라지기도 한다. 내가 태어나기 전에도 세상은 존재했으며, 내가 죽은 뒤에도 나와 상관없이 세상은 건재할 것이다.

그래서 내가 존재하기 이전의 세계와 내가 존재하기를 그만
둔 이후의 세계는 나에게 별 의미가 없다. 내가 '나로서 존
재하기 시작한' 그 중간이 나의 진정한 시작이다.

인생은 '기한'이다. 나를 훈련시켜 오늘날의 나를 존재하게
한 요인은 신문사 그리고 출판사의 데드라인이다. 데드라인
은 나에게 강렬한 집중을 선물했다. 데드라인은 내 글의 선
생이며, 무의식에 존재하는 것들을 의식으로 끌어올리는 도
우미다.

인간에게도 데드라인이 있다. 인간은 일정한 시간이 지나
면 자신이 왔던 흙으로 되돌아간다. 그 사실과 진리를 깨달
은 인간은, 한정된 시간에 자신의 최선이 발휘되는 전략을
짠다.

유한함에 대한 아쉬움의 표현이 인문, 과학, 예술이다. 인간
은 자신이 아닌 타자들, 타인과 자연과 함께 살기 위해 문화
를 구축했고, 그 문화를 가시적인 성과로 표현한 것이 문명
이다. 내 인생을 값지게 만드는 것은 이 절체절명의 순간에

일어나는 행위다.

대한민국은 '말' 공화국이다. 이른바 '현자'들이 등장해 사건을 분석하고 시청자들을 분노하게 만들며 특정한 개인을 순식간에 악마로 만든다. 대한민국을 위해 조용히 헌신적으로 일생을 산 사람들을 발굴해 칭찬하는 데는 열을 올리지 않는다. 선진국에는 훌륭한 인간을 영웅으로 만드는 다양한 의례가 있다.

미국 시인 휘트먼은, 새로 태어날 미국을 위해 자신의 의견을 진리라고 주장하는 "말만 하는 사람"을 수없이 많이 보아왔다. 철학자, 평론가, 정치가, 전문가 그리고 종교 지도자. 이들은 처음과 끝을 이야기한다.

그것들을 확인할 수 있는 사람은 아무도 없다. 그들은 현상을 일목요연하게 정리해 현상황을 분석하고 미래를 전망한다. 휘트먼은 자신은 그런 짓을 하지 않겠노라 다짐한다. 그는 「나 자신을 위한 노래」라는 시에서 '말만 하는 문화'를 이렇게 노래한다.

저는 말만 하는 사람들이 말하는 소리를 들었습니다.

처음이 어떠하고 마지막이 어떠하고.

그러나 저는 처음과 마지막을 말하지 않겠습니다.

지금보다 더 시급한 시작은 없습니다.

지금보다 더 젊은 시절이나 시대는 없습니다.

지금보다 더 완벽한 순간은 없습니다.

지금보다 더한 천국도 지옥도 존재하지 않습니다.

가장 중요한 것은 '지금'이다. '기한'은 달처럼 내가 매순간 변화하겠다는 약속이며, 내가 정한 일을 마치겠다는 다짐이다. 우리에게는 매순간 지금 그리고 오늘이라는 기한이 주어진다.

지금보다 더 시급한 시작은 없습니다.

지금보다 더 젊은 시절이나 시대는 없습니다.

지금보다 더 완벽한 순간은 없습니다.

지금보다 더한 천국도 지옥도 존재하지 않습니다.

당신이 해야 할 일은

진실한 한 문장을 쓰는 것입니다.

당신이 알고 있는 가장 진실한 문장을 쓰십시오.

어니스트 헤밍웨이

우직
迂直

━

굽은 길과 지름길

오늘 아침에 읽은 〈시편〉 39편 1-2절은 '삼가'를 찬양한다.

나는 나의 길을 지킨다.

내 혀로 죄를 저지르지 않기 위해서다.

나는 악한 자들이 내 눈앞에 있을 때,

내 입에 족쇄를 채운다.

나는 침묵으로 말이 없다.

내가 평온을 유지하지만 위로는 없다.

그러나 나의 고통은 제어됐다.

'길'은 히브리어로 '데렉(derek)'이다. 데렉은 한 인간이 운명적으로 가야만 하는 유일무이한 길이다. 그 길을 지키는 자는 바로 나다. '지키다'라는 히브리어 동사 '샤마르(shamar)'는 인간이 신의 명령을 준수할 때 사용하는 종교적인 단어다. "나는 나의 길을 지킨다"는 문장은 자신이 선택한 길 위에서 흔들림 없이 정진하겠다는 결의가 담겨 있다.

데렉은 강물이 흘러 바다로 갈 때 거쳐야 하는 여정과 마찬

가지다. 강물은 때때로 장애물이 등장해도 아랑곳하지 않고 흘러갈 뿐이다. 그것이 당연하고 자연스럽기 때문이다. 강물은 누가 자기에게 오물을 투척했다고 멈춰 서서 항의하지 않는다. 바다로 조용히 흘러갈 뿐이다.

내가 나의 길을 지키는 실질적인 방법이 있다. 내 혀를 지키는 것이다. 여기서 '혀'라고 번역된 히브리 단어 '리손(lison)'은 '혀'이면서 혀가 만들어내는 '말'이며, 더 나아가 '행동'이라는 뜻이다.

인간은 혀를 통해 죄를 짓는다. '죄를 짓는다'의 히브리어 동사 '하타(hata)'의 원래 의미는 '자신이 가야만 하는 길에서 이탈하다 / 길을 잃고 헤매다'이다.

〈시편〉을 지은 시인은 "나는 악한 자들이 내 눈앞에 있을 때, 내 입에 족쇄를 채운다"라며 자신의 입에 커다란 족쇄를 채우겠다고 말한다. '족쇄'를 의미하는 히브리어 명사 '마흐솜(mahsom)'은 자기절제다.

그는 마치 바보처럼 침묵을 수련한다. '침묵'이라는 히브리어 명사 '두미야(dumiyyah)'는 자신이 말할 때 부질없이 생기는 시간 낭비를 예상해 차라리 침묵하겠다는 의지의 표명이다.

산과 바다는 언제나 나에게 감동을 준다. 침묵하기 때문이다. 위대한 연주가는 나를 감동시킨다. 그의 침묵의 훈련 시간이 내 마음에 고스란히 전달되기 때문이다. 위대한 사상가는 내가 걸어가야 할 삶의 지표를 분명하게 제시해준다. 그는 자신만의 침묵의 동굴에서 하늘과 땅을 관통하는 삶의 원칙을 깨닫고 알려주기 때문이다. 위대한 리더는 믿을 만하다. 그를 따르는 수많은 사람들의 어려운 처지를 상상해 남몰래 눈물 흘리기 때문이다.

침묵(沈默)은 자기훈련이자 자기절제다. 자기광고에 찬양하는 사회에서 스스로 물[水] 아래로 깊이 침잠(沈潛)하기 때문이다. 그리고 자신의 생각을 압도적이며 감동적으로 말하기 위해 입을 다문다.

'삼가'라는 부사는 손무가 지은 『손자병법』 '군쟁편'에 나오는 "이우위직(以迂爲直)"이라는 표현과 연결된다. 손무는 이를 적이 예상하지 못하는 험한 길을 통해 적을 습격하는 군사용어로 사용했다. 남들이 보기에는 궂은 길, 먼 길이지만 그 길이 지름길이라는 뜻이다.

우리가 '우직'하다라고 표현할 때 흔히 '어리석고 고지식하다'라는 의미의 한자 '우직(愚直)'을 사용하지만, 나는 손무의 '이우위직'을 줄여 '우직(迂直)'이라고 표현하고 싶다.

인생의 어려움이 엄습할 때 이 당황스러운 상황은 나의 깊은 생각과 단호한 행동을 요구하는 신호다. 큰 시험은 인간의 숨겨진 잠재력을 일깨워 그 사람을 독립적인 인간, 개성 있는 인간으로 인도한다. 오늘 나는 삼가 '우직'을 실천하고 있는가?

위대한 인간은

마치 바보처럼 침묵을 수련한다.

자신의 생각을

압도적이며 감동적으로 말하기 위해

입을 다문다.

예술은 회복입니다.

인생의 상처를 치료해주고

걱정과 근심으로 분열된 것을 온전하게 바꿉니다.

루이즈 부르주아, 조각가

회복

回復

■

내 안의 그릇을 깨뜨릴 시간

하루는 인생이라는 커다란 직소 퍼즐의 한 조각이다. 이 조
각 없이 내 인생은 완결될 수 없다. 나는 오늘 서로 상관없
어 보이는 수많은 조각들 가운데 운명처럼 긴밀하게 연결된
하나를 상상하고 감지한다.

곡선으로 아무렇게나 잘린 조각들이 다른 조각의 면과 일치
하면, 그것은 전체를 이해하는 중요한 단서가 된다. 인생에
서 마주치는 사건과 사고들은 내가 그려야 할 거대한 작품
의 중요한 일부일 수밖에 없다.

19세기 영국인 존 스필스버리(John Spilsbury)는 나무판자에
세계지도를 그려 퍼즐을 만드는 장인이었다. 그는 어느 날
자신이 만든 세계지도가 그려진 판자를 실톱을 이용해 여러
조각으로 잘랐다. 그리고 그것들을 자녀들에게 가지고 놀도
록 주었다. 아이들은 이 조각들을 맞춰 세계지도를 완성하
며 놀았다. 이것이 오늘날 레고나 직소퍼즐과 같은 장난감
의 효시다.

회복은 없는 것을
만들어내는 것이 아니라
———— 자신을 발견하고
구축하는 과정이다.

회개는 자신의 원래 모습, 퍼즐의 원래 그림을 발견하는 행위다. 정신분석학자 빅터 프랭클은 '나 자신'을 '존재 의미'라고 불렀고, 칼 융은 '셀프(Self)'라고 정의했다. 종교 전통은 그것을 '믿음'이라고 칭하고, 예술에서는 '영감'이라는 이름으로 칭송한다.

독일 출신 현대 미술의 거장 안젤름 키퍼(Anselm Kiefer)는 나치스의 홀로코스트를 경험한 독일인들과 유럽인들의 영혼을 치유하기 위해 '회복'이라는 종교적이며 예술적인 주제를 사용한다. 그는 유대 신비주비 카발라에 등장하는 히브리어 '티쿤(tikkun)'이라는 개념을 예술로 승화시킨다. '티쿤'의 의미는 '원래 상태로 돌아가기 위해 자신을 얽매고 오염시키는 모든 형태의 우상들을 부수고, 자신 안에 존재하는 신적인 불꽃에 다시 불을 붙이는 행위'다.

키퍼의 2009년 작품 〈세비라스 하 켈림(*Shevirath Ha Kelim*)〉은 바벨탑이라는 현대 문명의 파괴와 그 안에서 생존한 열

개의 깨진 그릇 조각들을 표현한다. '세비라스 하 켈림'이라는 히브리어 문장의 의미는 '(신적인 불꽃이 담긴 희망의) 그릇들의 깨짐'이다.

〈창세기〉 11장의 '바벨탑' 이야기는 이렇게 시작한다.

땅에 있는 모든 사람들이 한 언어와 각자에게 어울리는 말들을 사용했다.

'한 언어'에 해당하는 히브리어 표현은 '사파 에하쓰(sapah ehath)'인데 축자적으로는 '한 혀'라는 의미다. 인간 소통의 도구인 언어는 서로가 인정할 수 있는 같은 곳에서 유래했다는 뜻이다.

그다음에 등장하는 히브리어 표현 '더바림 아하딤(debarim ahadim)'이라는 문구는 해석이 힘들다. 인간의 입을 통해 나오는 말들의 다양성을 의미하기도 하고, 그 다양성 가운데 공통성을 내포하는 문구이기도 하다. 각자의 개성을 담은 말들로, 상대방을 인정하고 존경하는 친절이 스며 있다.

어떤 독재자가 등장해 바벨탑을 짓자고 제안한다. '바벨 (babel)'이라는 단어는 '서로의 언어를 다르게 만들어 소통이 불가능하게 만들다 / 알지 못하는 소리로 지껄이다'라는 의미다. 바벨탑은 소통의 파괴다. 다른 사람의 개성을 인정하지 못하고, 계급을 만들려는 혼동이다.

키퍼는 우주의 질서가 무너진 '혼돈의 세계'를 '그릇의 깨짐'이라고 설명한다. 이 그림의 왼편에 영어 음역 "shevirath ha kelim"이라는 문구가 적혀 있다. '그릇의 깨짐'은 회복을 위한 퍼즐 맞추기의 시작이다.
혼돈은 인간의 영적, 개념적, 도덕적 그리고 심리적 회복의 발판이다. 이 파편들은 플라톤이 말한 창조적인 행위가 일어나는 '수용체'이며, 새로운 생명이 탄생하기 위한 어머니의 뱃속이다.

오늘 하루는 거대한 예술작품을 완성하기 위한 조그만 퍼즐 조각이나 카발라의 그릇 조각이다. 나는 오늘 이 조각으

로 무엇을 어떻게 연결시킬 것인가? 내가 완성할 예술작품
은 무엇이며, 그것은 무엇을 위한 회복이며 누구를 위한 회
복인가?

당신이 찾고 있는 것이,

당신을 찾고 있습니다.

잘랄 앗딘 루미, 13세기 페르시아 수피 시인

오늘, 나는 무엇에 귀 기울일 것인가

세상에서 일어나는 사건은 가치중립적이다. 그것은 본질적
으로 악하거나 선하지 않다. 그 사건을 대하는 태도가 그것
을 선하게 만들기도 하고 악하게 만들기도 한다.

고대 그리스어 '다이몬(daimon, δαίμων)'은 서로 상충하는 의
미를 포함한 거대한 바다다. 다이몬은 '악마'이면서 동시에
'천사'로 번역된다.

우리는 세상을 선악, 명암, 남녀, 상하처럼 쉽게 둘로 구분한
다. 그러나 이 짝들을 가만히 보면 그 경계가 희미하다. 어
디가 빛이고 어디가 어둠일까? 어디가 신이고 어디가 인간

일까? 다이몬은 구분이라는 경계를 허물고 그 경계 위에서
나를 노려보고 있다.

다이몬은 언뜻 보기에는 전혀 상관없을 것 같은 의미들의
하이브리드다. 신, 천사, 악마, 힘, 천재성 그리고 운명, 이
모든 의미를 포함한다. 이 다양한 의미들이 어떻게 한 단
어 안에 숨어 있을까? 다이몬은 나에게 새로운 시선을 요구
한다.

다이몬은 마치 승단 심사를 맡은 국기원의 태권도 사범과도
같다. 그는 수련생의 움직임을 주도면밀하게 관찰해 평가
할 것이다. 한 치의 실수도 허용하지 않는다. 수련생은 때때
로 사범의 지적이나 과도한 혹평을 견뎌야 한다. 이런 것들
은 당연한 과정이다. 태권도 사범은 수련자의 의도하지 않
은 실수도 지적하는 '악마'인 동시에 그를 신적인 경지로 끌
어올리려는 '천사'다.

그리스어 '다이몬'은 인도-유럽어 어근 '데($*deh_2-$)'에서 유

래했다. '데'의 근본적인 의미는 '삼라만상의 원칙에 맞게 인간의 운명을 정하다'이다. 다이몬은 나에게 닥친 거대한 장애물을 어떻게 처리하는지를 가만히 지켜보고 있다. 그 장애물은 나에게 죽음이 되기도 하고 삶이 되기도 한다.

사마천의 『사기』에 "재소자처(在所自處)"라는 말이 있다. 인간의 운명을 결정하는 것은 자신이 처한 장소나 환경이 아니라 그 환경을 대하는 태도, 즉 처세다. 매일 우리 앞에 펼쳐지는 크고 작은 일들은 넘실거리는 파도처럼 당연한 자연의 이치다. 그리고 이런 사건들은 나만의 개성을 만들도록 부추기는 훈련사다.

이 책에서 소개한 28개의 화두는 다이몬이다. 다이몬은 '스스로 완벽한 자'가 되도록 수련시키는 도우미다. 다이몬은 혹독한 시험을 통해 자신만의 고유한 개성인 천재성이 드러나도록 돕는다. 다이몬은 나를 억세게 밀어붙이는 악마이자 이전과는 다른 인간이 되기를 요구하는 천사다.

10년 전부터 나에게 글쓰기의 삶을 독려해주신 21세기북스의 김영곤 사장님, 좀 더 많은 사람들이 책과 쉽게 친근해지도록 애쓰신 정지은 본부장님과 편집자 양으녕 팀장에게 감사드린다. 이 책이 독자 스스로 자신의 개성을 응시하고 발현시키는 데 도움이 되길 바란다.

2019년 9월

배철현

KI신서 8311

정적

1판 1쇄 발행 2019년 9월 11일
1판 8쇄 발행 2024년 2월 1일

지은이 배철현
펴낸이 김영곤
펴낸곳 ㈜북이십일 21세기북스

인문기획팀장 양으녕 **디자인** 씨디자인
출판마케팅영업본부장 한충희
마케팅1팀 남정한 한경화 김신우 강효원
마케팅2팀 나은경 정유진 박보미 백다희 이민재
출판영업팀 최명열 김다운 김도연 권채영
제작팀 이영민 권경민

출판등록 2000년 5월 6일 제406-2003-061호
주소 (10881) 경기도 파주시 회동길 201(문발동)
대표전화 031-955-2100 **팩스** 031-955-2151 **이메일** book21@book21.co.kr

(주)북이십일 경계를 허무는 콘텐츠 리더

21세기북스 채널에서 도서 정보와 다양한 영상자료, 이벤트를 만나세요!
페이스북 facebook.com/jiinpill21   **포스트** post.naver.com/21c_editors
인스타그램 instagram.com/jiinpill21   **홈페이지** www.book21.com
유튜브 youtube.com/book21pub

서울대 가지 않아도 들을 수 있는 명강의! 〈서가명강〉
유튜브, 네이버, 팟캐스트에서 '서가명강'을 검색해보세요!

ⓒ배철현, 2019
ISBN 978-89-509-8267-6 03100